乡村振兴"新基建"
农村信用体系建设研究

周　雨◎著

中国金融出版社

责任编辑：肖　炜　董梦雅
责任校对：潘　洁
责任印制：陈晓川

图书在版编目（CIP）数据

乡村振兴"新基建"：农村信用体系建设研究/周雨著. —北京：中国
金融出版社，2023.3
ISBN 978 - 7 - 5220 - 1925 - 3

Ⅰ.①乡… Ⅱ.①周… Ⅲ.①农村信用—金融体系—中国 Ⅳ.①F832.43

中国国家版本馆 CIP 数据核字（2023）第 044509 号

乡村振兴"新基建"：农村信用体系建设研究
XIANGCUN ZHENXING "XIN JIJIAN"：NONGCUN XINYONG TIXI JIANSHE
YANJIU
出版
发行　中国金融出版社

社址　北京市丰台区益泽路 2 号
市场开发部　（010）66024766，63805472，63439533（传真）
网上书店　www.cfph.cn
　　　　　　（010）66024766，63372837（传真）
读者服务部　（010）66070833，62568380
邮编　100071
经销　新华书店
印刷　北京七彩京通数码快印有限公司
尺寸　169 毫米×239 毫米
印张　10.25
字数　158 千
版次　2023 年 3 月第 1 版
印次　2023 年 3 月第 1 次印刷
定价　58.00 元
ISBN 978 - 7 - 5220 - 1925 - 3
如出现印装错误本社负责调换　联系电话（010）63263947

序

实施乡村振兴战略是党的十九大作出的重大决策部署，是新时代"三农"工作的总抓手。党的二十大报告强调，全面推进乡村振兴。2023年是全面贯彻落实党的二十大精神的开局之年，是巩固拓展脱贫攻坚成果同乡村振兴有效衔接的关键之年，是打赢脱贫攻坚战和实施乡村振兴战略的历史交汇期。这一年，《中共中央　国务院关于做好2023年全面推进乡村振兴重点工作的意见》（以下简称2023年中央一号文件）正式对外发布，这是21世纪以来第20个指导"三农"工作的中央一号文件，对全面推进乡村振兴进一步作出部署。

乡村振兴战略实施过程中，农村信用体系建设将发挥重要的基础作用，对乡村振兴意义重大。首先，农村信用体系建设是全面推进乡村振兴的重要基础设施；其次，农村信用体系建设是实现基层善治的重要手段；最后，农村信用体系建设是破解现代农业发展短板的关键一环。

党中央、国务院高度重视农村信用体系建设工作。2008年，党的十七届三中全会首次将"加快农村信用体系建设"写入《中共中央关于推进农村改革发展若干重大问题的决定》，拉开了农村信用体系建设的序幕。21世纪以来连续20年的中央一号文件多次提及农村信用体系建设，并在部署措辞上经历了从"大力推进"到"全面推进"再到"深入开展"的变迁，充分体现了党中央、国务院关于农村信用体系建设工作重心的变化。

当前，乡村振兴迈入有法可依和全面振兴新阶段，信用体系建设进入高质量发展新阶段，为农村信用体系建设带来了前所未有的历史机遇。然而，目前学术界对农村信用体系建设的系统研究还非常欠缺。在此背景下，本书开始了尝试和探索，试图从理论和实践两个方面进行梳理，希望为农村信用体系建设研究贡献一些微薄力量。

　　本书共有九章，分别为农村信用体系建设概述、农村信用体系建设理论支撑、农村信用体系建设发展脉络与发展现状、农村信用体系建设面临的机遇与挑战、国外农村信用体系建设经验借鉴、我国农村信用体系建设地方探索、农村信用体系建设关键要素分析、农村信用体系建设实施路径以及农村信用体系建设未来展望等内容。

　　第一章介绍了农村信用体系建设相关的一些基础概念，厘清了信用、诚信与征信的区别以及社会信用体系、农村信用体系和城市信用体系等基本概念，阐述了农村信用体系建设对全面推进乡村振兴、实现基层善治、破解现代农业发展短板等方面的战略意义。第二章提出经济学中用以支撑社会信用体系建设的信息不对称理论、交易成本理论、博弈论三大理论同样适用于农村信用体系建设研究，并结合农村信用体系建设实际作出分析。第三章通过分析发展脉络梳理出农村信用体系建设经历的"萌芽雏形""正式提出""全面实施""振兴发展"四个阶段，系统阐述了农村信用体系建设的发展现状。第四章在分析"产业兴旺、生态宜居、乡风文明、治理有效、生活富裕"对农村信用体系建设提出新要求的基础上，归纳总结出农村信用体系建设迎来的历史发展机遇以及面临的挑战。第五章尝试借鉴境外有益经验，展示了美国、德国、法国、日本、韩国等发达国家以及印度、孟加拉国等发展中国家在农村信用体系建设方面开展的积极探索，分析了其在农村信用体系建设方面给我国带来的启示。第六章从全国社会信用体系建设示范区、全国农村信用体系建设试验区和新型农业经营主体信用体系创新试点三个维度，选取部分有代表性的地区，深度挖掘其在推进农村信用体系建设的典型经验与做法，为其他地区提供了参考借鉴。第七章从法治化、规范化、信息化和应用化四个维度分析了农村信用体系建设关键要素，并提出针对性建议。第八章结合前述分析提出，农村信用体系建设实施路径应当从加强组织领导、完善法规制度、打造涉农信用信息平台、健全信用评价体系、打造信用应用场景以及营造良好诚信氛围六个方面入手，并给出具体建议。第九章对农村信用体系建设未来发展趋势作出展望。

　　农村信用体系建设是一项综合性强、耗时较长的大工程，而且处于不断发展变化过程中，在全面推进乡村振兴战略背景下，必定是当前乃至今后一段时期各方关注的重点和热点。由于笔者研究时间还比较短，研究还不够深入，加之笔者能力水平有限，书中对农村信用体系建设的研究和探索还有所不足。如有缺漏或不当之处，还请读者批评指正。值得注意的是，本书相关研究与结论只代表个人的观点，不代表所在单位的观点与立场。

目　录
Contents

表目录

第一章　农村信用体系建设概述

本章重点围绕农村信用体系及相关的一些基本概念进行界定，并对推进农村信用体系的战略意义进行阐述。

第一节　基本概念

本节重点介绍信用、诚信与征信的区别以及社会信用体系、农村信用体系和城市信用体系的内涵和外延。

（一）信用、诚信与征信

根据《现代汉语词典》，"信用"主要包含三层含义：一是能够履行约定而取得的信任；二是不需要提供物质保证可以按时偿付；三是银行借贷或者商业上的赊销、赊购。

从上述定义可以看出，信用可以从金融学、经济学和更广义视角来解释。从金融学意义上讲，即"金融信用"，"信用"特指货币创造或信贷相关活动；从经济学意义上讲，即"商业信用"，"信用"指在交易商品、提供服务后并不立即支付，而是约定在将来支付的活动。从更广义视角来看，即"社会信用"，是指各类主体遵守法定义务、履行约定义务的客观能力和主观意愿。

对"信用"一词的理解应当放置在中国特色社会信用体系建设的时代背景中来解释，"信用"显然突破了传统金融学意义上的信用和经济学意义上的信用含义，逐步成为各行业、各领域守法履约的基本遵循。与"信用"相关的还有"诚信""征信"，它们与"信用"的含义有何差异？

根据《现代汉语词典》，"诚信"是指诚实，守信用。从道德意义上讲，诚信是指遵守诺言、取信于人，是为人处世的基本道德要求，是社会主义核心价值观内容之一；从法律意义上讲，诚信又是《民法典》的基本原则，

1

《民法典》第一篇第七条规定：民事主体从事民事活动，应当遵循诚信原则，秉持诚实，恪守承诺。相较于信用而言，诚信更强调道德层面，更注重从道德角度对社会各类主体的行为提出规范性要求。

根据《征信业管理条例》第二条规定，"征信"是指对企业、事业单位等组织的信用信息和个人的信用信息进行采集、整理、保存、加工，并向信息使用者提供的活动。根据中国人民银行（征信业监管部门）的指引，这里所指的信用只涉及与金融信贷相关的信用关系。征信特指债权人（主要指银行等放贷机构）共享债务人债务信息，并为债权人防范信用风险提供信息服务。相对于信用而言，征信更侧重于金融信贷领域，是社会信用体系建设中一种重要的制度安排。

（二）社会信用体系

"社会信用体系"这一表述的第一次正式出现是在中国共产党第十六次全国代表大会上的报告。报告提出"整顿和规范市场经济秩序，健全现代市场经济的社会信用体系"。2014年印发的《国务院关于印发社会信用体系建设规划纲要（2014—2020年）的通知》（国发〔2014〕21号）明确了社会信用体系的定义和内涵：社会信用体系是社会主义市场经济体制和社会治理体制的重要组成部分，它以法律、法规、标准和契约为依据，以健全覆盖社会成员的信用记录和信用基础设施网络为基础，以信用信息合规应用和信用服务体系为支撑，以树立诚信文化理念、弘扬诚信传统美德为内在要求，以守信激励和失信约束为奖惩机制，目的是提高全社会的诚信意识和信用水平。

作为一种信息共享机制和有效的社会治理机制，社会信用体系建设是市场经济体制中的重要制度安排，它通过对失信行为的采集、归集、记录、公示、传播和预警，旨在解决经济社会生活中信用信息不对称和信用交易成本过高问题，从而惩罚和警戒失信行为，褒扬和奖励诚实守信，促进经济和社会健康发展。

加快社会信用体系建设是完善社会主义市场经济体制、加强和创新社会治理的重要手段，对增强社会成员诚信意识，营造优良信用环境，提升国家整体竞争力，促进社会发展与文明进步具有重要意义。2022年3月29日，中共中央办公厅、国务院办公厅印发《关于推进社会信用体系建设高质量发展促进形成新发展格局的意见》强调，完善的社会信用体系是供需有效衔接的重要保障，是资源优化配置的坚实基础，是良好营商环境的重要组成部分，对促进国民经济循环高效畅通、构建新发展格局具有重要意义。

党中央、国务院高度重视社会信用体系建设工作。过去几年，我国社会信用体系建设取得积极进展。突出表现在顶层制度设计日趋完善、信用法律法规建设扎实推进、信用信息归集共享质量稳步提升、守信激励和失信惩戒机制日益发挥重要作用等方面。

（三）农村信用体系

农村信用体系是社会信用体系的重要组成部分。农村信用体系建设最早可追溯到1999年，标志性事件为中国人民银行围绕农村信用贷款作出政策部署。农村信用体系建设首次被写入党的重大决定出现在2008年10月12日党的第十七届三中全会上，全会审议通过的《中共中央关于推进农村改革发展若干重大问题的决定》正式提出"加快农村信用体系建设"。由此，农村信用体系建设正式拉开序幕。

根据《中国人民银行关于推进农村信用体系建设工作的指导意见》（银发〔2009〕129号），农村信用体系建设以"统一部署、健全机制；因地制宜、科学合理；先易后难、稳步推进；改革创新、支农惠农"为原则，主要任务包括加大农村地区信用宣传力度，推进农户电子信用档案建设，积极开展农户信用评价工作，探索建立农民专业合作社等农村新型经济组织的信息采集与信用评价机制，加快农村中小企业信用体系建设，提高企业和个人信用信息基础数据库在农村地区的服务水平，引导农村地区金融机构改善金融服务，争取地方政策支持、推广信用信息产品使用，健全风险分担机制，提升信用管理水平等。

近年来，中央多个顶层设计文件连续部署农村信用体系建设工作。随着乡村振兴战略的深入实施，农村信用体系建设的作用将日益重要，农村信用体系建设正是本书重点研究的内容。

（四）城市信用体系

城市信用体系是整个社会信用体系的关键环节，相较于农村信用体系，城市信用体系建设起步较早，发展迅速、成效显著。

一直以来，城市是推进信用体系建设的"牛鼻子"①。一方面，信用建设对提升城市治理水平意义重大。信用作为衡量营商环境的重要指标之一，既是一座城市的无形资本和特殊资源，又是城市的金字招牌和亮丽名牌。城市政府开展信用体系建设具有强大的内在动力。另一方面，以城市为基础推进信用建设能够最终体现在为企业、为每一位公民服务的各个环节。城市可以直接深入社区、园区和企业开展信用建设。政府市场监管、公共服务的职能大多是通过城市一级政府来具体实施的。

推动城市信用体系建设主要从两个方面着手：一是积极引导开展示范创建工作，二是开展城市信用状况监测评估和预警。

积极引导开展示范创建工作方面，近年来，国家发展和改革委员会、中国人民银行鼓励地方开展试点示范、积极探索实践，自2015年开始分批组织了包括副省级城市、地级市、县级市和直辖市城区在内的多个城市（城区）创建社会信用体系建设示范城市（城区）。截至2022年底，有62个城市（城区）成功创建全国社会信用体系建设示范城市（城区）。2017年明确了杭州等12个城市为首批社会信用体系建设示范城市（发改办财金〔2017〕2158号）；2019年明确了青岛等16个城市为第二批社会信用体系建设示范城市（区）（发改办财金〔2019〕849号）；2021年明确了天津市滨海新区等34个第三批社会信用体系建设示范区（发改办财金〔2021〕810号）。这些城市积极主动承担了国家社会信用体系建设重点任务，在建立公共信用信息共享平台、搭建城市信用网站、开展守信激励和失信惩戒、宣传诚信文化建设等方面发挥了示范带动作用。

开展城市信用状况监测评估和预警方面，国家发展和改革委员会委托第三方机构，建立了"全国城市信用状况监测平台"，采用大数据技术，从全国信用信息共享平台和国内权威网站上收集整理各个城市的守信和失信案例，

---

① 连维良.从"一城"到"一人"让诚信落地生根［EB/OL］.（2017－07－13）.［2022－10－15］. http://www.xinhuanet.com/politics/2017－07/13/c_1121316071.htm.

设计了一套比较科学公正的评估标准，对各个城市进行监测评估，并将监测评估结果通报到城市政府，监测范围涵盖全国 36 个省会及副省级以上城市、261 个地级市、383 个县级市。这在一定程度上帮助了城市政府发现问题，找准问题，更有针对性地找准发力点，将面对问题的压力转换成推动信用体系建设的动力，真正做到让城市的每一个公民有信用的获得感，让信用便民惠企效果深入人心，让百姓感受到实实在在的好处。

第二节　战略意义

全面推进乡村振兴过程中，农村信用体系建设具有重要意义：农村信用体系建设是全面推进乡村振兴的重要基础设施，农村信用体系建设是实现基层善治的重要手段，农村信用体系建设是破解现代农业发展短板的关键一环。

（一）农村信用体系建设是全面推进乡村振兴的重要基础设施

乡村振兴迫切需要金融助力。2022 年中央一号文件明确提出，强化乡村振兴金融服务。中共中央办公厅、国务院办公厅印发《关于推进社会信用体系建设高质量发展促进形成新发展格局的意见》明确提出，鼓励银行创新服务"三农"等专项领域信贷产品。

信用是金融服务的基础。乡村振兴金融服务，离不开农村信用体系的支撑。"金融是水，经济是田，信用是渠。水对田的滋润，关键问题是渠的通畅，把金融之水灌溉到经济之田中去"[1]，这句话形象地表达了农村信用体系的地位和作用。老百姓口口相传的"要想富，先修路"这句朴素的话语，道出了基础设施在乡村振兴中的重要作用。可以说，农村信用体系建设是全面推进乡村振兴的重要基础设施，是乡村振兴"新基建"，广大农户、村民对健全完善的信用机制所带来更美好的农村生活呼声很高。

不断强化的农村信用体系建设能改善和优化农村融资环境，提供成本较低、适合农村的普惠型金融服务，缓解农村生产贷款难和银行难贷款矛盾，引导银行等金融机构持续加大信贷投放力度，推动乡村振兴金融服务步入可持续发展轨道。

---

① 负娟绸. 乡村振兴，农村信用体系建设不可或缺［N］. 山西经济日报，2022 - 12 - 07.

（二）农村信用体系建设是实现基层善治的重要手段

基层治理是国家治理的基石，乡村振兴迫切需要加强基层治理。实现基层治理是乡村振兴的重要内容之一，党中央、国务院高度重视。2021 年 4 月印发的《中共中央　国务院关于加强基层治理体系和治理能力现代化建设的意见》明确提出，力争用 5 年左右时间，建立起党组织统一领导、政府依法履责、各类组织积极协同、群众广泛参与，自治、法治、德治相结合的基层治理体系，健全常态化管理和应急管理动态衔接的基层治理机制，构建网格化管理、精细化服务、信息化支撑、开放共享的基层管理服务平台；党建引领基层治理机制全面完善，基层政权坚强有力，基层群众自治充满活力，基层公共服务精准高效，党的执政基础更加坚实，基层治理体系和治理能力现代化水平明显提高。在此基础上力争再用 10 年时间，基本实现基层治理体系和治理能力现代化，中国特色基层治理制度优势充分展现。

2022 年中央一号文件明确提出，突出实效改进乡村治理。随着城乡一体化深入推进，基层治理面临新堵点、难点亟待破题。从信用体系及其特征来看，农村信用体系建设具备了作为社会治理工具的诸多优势，拥有比较完善的信用信息基础设施和运行机制，能适应数字化时代精准治理的要求，降低信息不对称和道德风险，掌握农民信用状况、完善并提高农村乡风文明建设，帮助改善新时代农村信用环境，是基层乡村治理和社会治理工具的最佳选择。在乡村治理的一些重点领域和关键环节上，一些地方积极探索，大力推进农村信用体系建设，形成了大量的好经验、好做法。如信用积分制深度应用促进民风更淳、信用清单制提升乡村治理制度化规范化水平、全面推行"信用建设 + 志愿服务"模式破解乡村治理新难题、智能化网格化建设有效解决多层次矛盾纠纷等。这些探索表明，农村信用体系建设是实现基层善治的重要手段，加快推进农村信用体系建设是推进乡村治理破题的"好切口"。

（三）农村信用体系建设是破解现代农业发展短板的关键一环

《中华人民共和国国民经济和社会发展第十四个五年规划和 2035 年远景目标纲要》在第七篇"坚持农业农村优先发展　全面推进乡村振兴"明确提出，走中国特色社会主义乡村振兴道路，全面实施乡村振兴战略，强化以工补农、以城带乡，推动形成工农互促、城乡互补、协调发展、共同繁荣的新型工农城乡关系，加快农业农村现代化。

在加快农业农村现代化进程中，一方面，以专业大户、农民专业合作社和农业龙头企业为代表的新型农业经营主体开始快速发展，农村信用主体呈现出快速发展、多样化多元化趋势；另一方面，随着农业现代化加速推进，农村经济活动对资本要素的持续投入提出更迫切的需求，农业逐渐成为资金密集型产业，同时新产业、新业态层出不穷，这对农村整体信用环境提出更高要求。

从现实来看，现阶段农村整体信用环境较差、信贷风险较高，农村信用体系相对滞后，难以适应现代市场经济的需求。加快推进农村信用体系是破解现代农业发展短板的关键一环。

第三节　小　结

本章首先介绍了信用、诚信与征信的基本概念，创新性提出对"信用"一词的理解应当放置在中国特色社会信用体系建设的时代背景中来解释，"信用"显然突破了传统金融学意义上的信用和经济学意义上的信用含义，逐步成为各行业、各领域守法履约的基本遵循。随后，本章给出了社会信用体系的定义和内涵，并针对农村信用体系和城市信用体系的内涵和外延进行了界定。

关于推进农村信用体系建设的战略意义，本章从三个方面进行了阐述：农村信用体系建设是全面推进乡村振兴的重要基础设施；农村信用体系建设是实现基层善治的重要手段；农村信用体系建设是破解现代农业发展短板的关键一环。

第二章　农村信用体系建设理论支撑

本章重点介绍经济学中用于支撑社会信用体系建设的三大基础理论：信息不对称理论、交易成本理论和博弈论。农村信用体系建设是社会信用体系建设的重要组成部分，支撑社会信用体系建设的理论同样适用于农村信用体系建设。

第一节　信息不对称理论

信息不对称理论是指在信息不完全和信息不对称的条件下研究市场交易关系和契约安排，从不对称信息这一特殊视角对相关经济问题和社会问题展开分析研究的经济学理论。作为信息经济学的经典理论，信息不对称理论是现代信息经济学的核心，被广泛应用到从传统的农产品市场到现代金融市场等各个领域。几十年来，许多著名学者在信息不对称理论领域进行了大量研究。

20 世纪 70 年代，信息经济学的发展趋于成熟，当时有大量信息经济的论著问世。如美国霍罗威茨的《信息经济学》，英国威尔金森的《信息经济学——计算成本和收益的标准》，日本曾田米二的《情报经济学》等①。1996 年度诺贝尔经济学奖授予了英国剑桥大学的詹姆斯·莫里斯教授和美国哥伦比亚大学的威廉·维克里教授，以表彰他们对信息经济学研究所作出的贡献。2001 年，诺贝尔经济学奖授予了研究信息经济学的三位美国经济学家，约瑟夫·斯蒂格利茨、乔治·阿克尔洛夫和迈克尔·史宾斯获奖，以表彰他们从 20 世纪 70 年代开始在"使用不对称信息进行市场分析"方面所作出的重要贡献，他们的理论构成了现代信息经济学的核心。早在 1970 年，美国经济学

---

① 丹华. 信息经济学 [J]. 理论观察，1985（4）：84 - 50.

家乔治·阿克尔洛夫发表了《柠檬市场：质量不确定和市场机制》，成为研究"信息不对称理论"最经典理论之一，开创了"逆向选择理论"研究的先河。他阐明了这样一个事实，即卖方能向买方推销低质量商品等现象的存在，是因为市场双方各自掌握的信息不对称。信息失衡甚至可能使劣质的二手车挤掉优质车市场。迈克尔·史宾斯则揭示人们应如何利用所掌握的更多信息来谋取更大利益。约瑟夫·斯蒂格利茨为掌握信息较少的市场方如何进行市场调整提供了相关理论①。

信息不对称理论认为，在市场经济活动中，市场交易双方掌握的信息在数量和质量上存在差异，掌握信息比较充分的一方往往处于比较有利的地位，而信息贫乏的一方则处于比较不利的地位。掌握信息数量多、质量高的一方在经济活动中具有优势，可以通过向掌握信息少、质量低的一方传递可靠信息而获益。

根据信息不对称发生的时间点来划分，信息不对称分为事前信息不对称和事后信息不对称，事前信息不对称是指在交易尚未发生之前就已经存在的信息不对称，事后信息不对称是指在交易发生之后发生的信息不对称。信息不对称导致逆向选择和道德风险的发生，其中事前信息不对称导致逆向选择，事后信息不对称会导致道德风险。

所谓逆向选择，是指由交易双方信息不对称和市场价格下降产生的劣质品驱逐优质品，进而出现市场交易产品平均质量下降的现象。例如，在产品市场上，特别是在旧货市场上，由于卖方比买方拥有更多的关于商品质量的信息，而买方无法识别商品质量的优劣，只能根据商品的平均质量付价，这就导致优质品价格被低估而退出市场交易，结果只有劣质品成交，最终导致市场交易产品平均质量下降。

所谓道德风险，是指交易双方在交易协定签订后，其中一方利用多于一方的信息，有目的地损害另一方的利益而增加自己利益的行为。例如，投保车险的人可能比未投保的人开车更莽撞一些，因为他们知道可以获得赔偿。

从经济学视角来看，市场经济中的"理性经济人"，每个人都会追求自

---

① 林钧跃. 社会信用体系理论的传承脉络与创新 [J]. 征信，2012 (1)：1-12.

身利益的最大化，处于信息优势的一方采取有利于自己，甚至有损于信息劣势一方的行为决策就在所难免，即有逆向选择和道德风险的本能冲动。

由于人们获取信息的能力、社会条件及所处的交易地位不同，信息不对称在现实经济生活中普遍存在。由于信息不对称，历史交易信息缺乏、信息传递不畅，失信者往往不能被市场及时发现而受到约束，这就会造成不能履约也敢承诺，承诺也可以不履约，造成履约率低，从而造成诚信缺失。由于失信成本低，失信企业因失信行为可在不用付出太多代价的情况下就能获得超额收益，造成社会上一些失信行为频频高发，如合同违约、商业欺诈、制假贩假、学术论文造假、法院判决不执行等问题，已成为制约经济社会高质量发展和人民追求美好生活的突出问题。

可以说，在市场经济条件下，信息不对称是产生失信行为的重要原因。因此，解决信息不对称问题是治理违法失信行为的有效手段，这就需要建设一体化、"一站式"的信息共享平台，打破"信息孤岛"，建立相关信息记录、畅通传递机制、实现信息共享交换。信用信息共享是社会信用体系建设的基础和关键，能够有效消除社会信用信息不对称的状况。

近年来，我国信用信息共享工作实现了重大突破，取得了长足发展。在推进农村信用体系建设过程中，破解信息不对称问题、为农业农村主体建立信用档案、加强农村信用信息共享也是一项基础工作。近年来，涉农信用信息系统建设步伐明显加快，涉农信用信息共享对农村信用体系建设的支撑作用明显增强。

早在 2009 年，《中国人民银行关于推进农村信用体系建设工作的指导意见》（银发〔2009〕129 号）强调，推进农户电子信用档案建设。组织农村地区金融机构，根据当地农村经济特点，因地制宜、科学合理设计涵盖农户基本信息、生产经营、主要收入来源、住房结构等信息的农户信用信息指标，充分考虑农村金融机构的业务需求和现有设施的情况，从信用条件较好的地区、贷款农户或种养殖大户入手，按照先易后难、稳步推进的原则，依托农村地区金融机构现有的客户管理系统，充分利用财政、农业主管部门等地方政府部门掌握的农户信息，建立农户电子信用档案，推进电子化农户信用档案建设，推动建立农村信用信息共享机制。

《国务院关于印发社会信用体系建设规划纲要（2014—2020 年）的通

知》（国发〔2014〕21 号）在部署农村信用体系建设工程时强调，为农户、农场、农民合作社、休闲农业和农产品生产、加工企业等农村社会成员建立信用档案，夯实农村信用体系建设的基础。

2021 年中央一号文件明确提出，支持市县构建域内共享的涉农信用信息数据库，用 3 年时间基本建成比较完善的新型农业经营主体信用体系。

2021 年 6 月发布的《中国人民银行 银保监会 证监会 财政部 农业农村部 乡村振兴局关于金融支持巩固拓展脱贫攻坚成果 全面推进乡村振兴的意见》（银发〔2021〕171 号）在"持续完善农村基础金融服务"方面提出，因地制宜深入推进农村信用体系建设。继续开展信用户、信用村、信用乡（镇）创建，鼓励开展符合地方实际的农村信用体系建设行动，不断提升乡村治理水平。支持市县构建域内共享的涉农信用信息数据库，用 3 年时间基本建成比较完善的新型农业经营主体信用体系，探索开展信用救助。支持有条件的地区设立市场化征信机构运维地方征信平台，引导市场化征信机构提供高质量的涉农征信服务。进一步完善金融信用信息基础数据库功能，扩大覆盖主体范围。

2022 年 3 月，《中国人民银行关于做好 2022 年金融支持全面推进乡村振兴重点工作的意见》（银发〔2022〕74 号）明确提出，完善各级涉农信用信息系统，因地制宜建设地方征信平台，精准识别各类农村经济主体信用状况，以信用建设促进信用贷款投放。

上述文件均强调了信息平台网站、信息数据库建设对解决农村信用体系建设中信息不对称问题的重要性，信息不对称理论有效地解释了农村信用体系建设中建立信用信息平台的紧迫性，这对进一步加快农村信用体系建设提供了基础。

第二节　交易成本理论

交易成本是指在一定的社会关系之中，为达成合作交易、自愿交往所支出的成本总和。有交往互换活动就会产生交易成本，它在经济社会生活中广泛存在。经济学家张五常认为，交易成本可以看作一系列制度成本的总和，包括信息成本、谈判成本、拟定成本和实施契约的成本、界定和控制产权的成本、监督管理的成本和制度结构变化的成本①。

交易成本理论最先由诺贝尔经济学奖得主罗纳德·科斯（R. H. Coase，1937）于 1937 年在《企业的性质》中提出。在他看来，市场交易是需要成本的，企业替代市场的原因是企业内部的交易在一定程度上可以降低市场交易成本。交易成本是获取准确市场信息所需要的费用，以及谈判和经常性契约的费用，也即交易成本由信息搜寻成本、谈判成本、缔约成本、监督履约情况的成本、可能发生的处理违约行为的成本构成。威廉姆森（Williamson，1975）进一步丰富和完善了交易成本理论，他提出产生交易成本的原因是有限理性、投机主义、不确定性与复杂性、信息不对称和交易的频率。根据交易类型不同，他进一步将交易成本区分为事前交易成本和事后交易成本。事前交易成本有签约、谈判、保障契约等成本；事后交易成本有适应性成本——签约双方对契约不能适应所致的成本，讨价还价成本——双方调整适应不良的谈判成本，建构及营运成本——解决纠纷与争执而必须设置的相关成本，约束成本等——为了取信于对方所需之成本②。

从交易成本的成因来看，交易双方的互不信任是导致交易成本居高不下的重要因素。因此，信用的好坏，是否相互信任与交易成本息息相关。

"理性经济人"为获得更多交易机会和获利机会，通常会统筹考虑当前利益和未来利益，谋求在交易中得到对方的信任、认可与接受，以维系自己的长期信用。履约践诺、重信守约能够最大限度减少交易双方的交易成本。同时，基于交易成本理论基本假设，一方面，由于有限理性的存在，交易一方不能完全掌握另一方的信用状况，也就无法选择最优交易对手；另一方面，由于制定完备契约需要付出高昂交易成本，实际交易中广泛存在的并不是完备的交易契约。上述情况使机会主义行为有了存在的基础，违反交易原则、窃取不当利益的行为就可能发生，即会产生失信。失信行为的存在增加了市场主体在交易过程中的信息收集辨别成本、监督履约情况的成本、处理可能发生的对方违约的成本。

因此，交易成本理论认为，守信更易于让彼此信任度提高，更易于促成

---

① 卢永强. 浅议我国信用体系建设的理论与实践 [J]. 山西财经大学学报，2013，35（2）：26.

② 杨鹏，张丽. 信用降低交易成本的理论分析 [J]. 经济研究导刊，2020（20）：160 – 162.

合作，从而降低经济社会运行的交易成本；失信会增加经济社会运行的交易成本，让彼此变得更加不信任对方。如果失信行为不需要付出足够的代价，失信带来的收益将大于失信成本，失信行为就会继续下去；相反，如果失信成本大于失信产生的收益，则失信行为将会减少或消失。

从交易成本理论分析，解决失信问题就要加大失信成本。建立信用奖惩机制能够有效降低经济社会的交易成本，提高经济社会运行效率，这正是社会信用体系建设的核心机制之一。

交易成本理论同样适用于农村信用体系建设。建立适应农村特色的信用奖惩机制需要充分发挥信用奖惩机制对信用状况良好的农户采取正向激励的作用，对信用状况不良的农户进行有效约束，形成惩恶扬善、激浊扬清的诚信氛围。农村信用体系建设信用奖惩的实践探索是信用奖惩机制应用的生动实践，也是交易成本理论能够有效地解释农村信用体系建设如何解决失信问题、如何落实落地的理论根基。一方面，信用奖惩机制正在广大农村地区落地生根。如《中国人民银行关于做好 2022 年金融支持全面推进乡村振兴重点工作的意见》（银发〔2022〕74 号）明确提出，继续开展"信用户""信用村""信用乡（镇）"创建，完善各级涉农信用信息系统，因地制宜建设地方征信平台，精准识别各类农村经济主体信用状况，以信用建设促进信用贷款投放。同时，农村有着传统固有熟人社会的民间信用，来自熟人社会的压力使不良失信者更易于受到排斥和限制，不少地方在实践中充分运用信息公示的作用，及时对失信主体进行公示，通过社会监督的方式对失信行为进行惩戒。另一方面，广大农村地区积极践行社会主义核心价值观，将信用建设与新时代文明实践有机结合，多措并举引导农民树立"守信光荣、失信可耻"的信用理念，提高整个农村文化水平和信用认知水平。由此，交易成本理论阐释了健全完善的信用奖惩机制对农村信用体系建设的重要性。

第三节 博弈论

博弈论（Game Theory），又称对策论，指双方或者多方在竞争、合作、冲突等情况下，充分了解各方信息，并依此选择一种能为自己争取最大利益、最优决策的理论。它是一门研究理性经济人策略选择的学科，是一种研究理性经济人如何互动和更好互动的方法，目前在经济学、社会学等领域有着广泛的应用，被誉为"社会科学的数学"。

博弈的思想有着悠久的历史，2000 多年前的"齐威王与田忌赛马"中田忌出色地运用了这一思想，但博弈论的正式提出是在 20 世纪 40 年代，1944 年冯·诺伊曼和摩根斯特思合作出版的《博弈论与经济行为》一书标志着博弈理论正式提出。到 20 世纪 50 年代，博弈论得到了巨大发展，艾伯特·塔克（Albert Tucker）于 1950 年提出了"囚徒困境"。约翰·纳什（John Nash）在 1950 年和 1951 年发表了两篇关于非合作博弈的重要文章，提出了"纳什均衡"的概念，以及证明纳什均衡存在的"纳什定理"，奠定了现代博弈论学科体系的基础，这个时期的博弈论研究主要集中在对静态博弈模型的研究。20 世纪 50 年代中后期到 70 年代是博弈论产生重要成果的阶段。1965 年，泽尔腾（Selten）将纳什均衡的概念引入了动态分析，提出了"多步对策""子博弈完美纳什均衡"和"颤抖均衡"的概念，并发展出倒推归纳法等分析方法。约翰·豪尔绍尼（John C. Harsanyi）开创了不完全信息对策研究的新领地，提出了"贝叶斯纳什均衡"的概念和分析不完全信息博弈问题的标准方法，初步运用随机分析方法解决信息不完全和不对称问题。20 世纪 80 年代以后，博弈论开始走向成熟，理论框架逐渐完整和清晰，和其他学科之间的关系也逐渐深入，并开始受到经济学家真正的重视，特别是 20 世纪 90 年代以来博弈论领域的经济学家已经三次获得经济学诺贝尔奖：1994 年著名博弈论专家纳什、泽尔藤、豪尔绍尼因在非合作博弈均衡领域的开创性贡献获得当年诺贝尔经济学奖；1996 年美国人威廉·维克瑞由于在信息经济学、激励理论、博弈论等方面作出重大贡献，获得当年诺贝尔经济学奖；2005 年奥曼和谢林因"以博弈论分析方式增进了对冲突与合作的理解"而获得诺贝尔经济学奖。可以说，博弈论经过半个多世纪的发展，已经对经济学产生重大的影响，正逐渐成为现代经济理论的一个重要组成部分，得到了世界的普遍认可[①]。

作为博弈论中的经典范例，"囚徒困境模型"指的是：警察抓住了两个合伙犯罪的罪犯甲和乙，由于警察缺乏足够的相关证据指证他们的罪行，但

---

① 王金炳. 博弈论的发展历史和基本内容 [J]. 时代经贸, 2007, 5 (70)：1-2.

只要甲和乙中至少一人承认犯罪，就能确认其罪名成立。为了得到口供，警察将二者关押并进行审讯，同时为了防止他们串供，将他们分别关押。不能互相沟通情况下，警察告诉了他们面临的选择及可能的结局：（1）如果两人互相揭发，则因证据确凿，二者都判刑 3 年；（2）如果两人中只有一个揭发对方，另一个人沉默，则揭发者因为立功而立即获释，沉默者因不合作而被重判入狱 5 年；（3）如果两者都不揭发对方，因为证据不足，警察只能以较轻的妨碍公务罪判处他们各 1 年，收益矩阵如下。

	乙	
	揭发	不揭发
甲　揭发	（-3，-3）	（0，-5）
不揭发	（-5，0）	（-1，-1）

博弈论研究的是甲、乙为了实现各自的利益最大化，双方将采取何种策略。在这个模型中，甲、乙两个博弈方对对方的可能得益完全知晓，并会根据双方两种可能的选择分别考虑自己的最后策略，并独立作出策略选择。

对于甲而言，他选择揭发时，乙也选择揭发，乙被判 3 年；当乙选择不揭发时，乙被判 5 年。此时，乙的最优策略为揭发。当甲选择不揭发时，乙选择揭发则无罪释放，选择不揭发则被判 1 年，对于乙来说，最优策略为揭发。因此，无论甲如何选择，乙的最优策略均为揭发。同样的道理，无论乙如何选择，甲的最优策略也均为揭发。因此，甲乙双方达成的均衡结果为相互揭发，即各自被判 3 年入狱。与双方开展合作（互相不揭发）各自被判刑 1 年入狱的结果相比，双方不合作（互相揭发）显然不是最佳选择，这说明他们的最佳选择和最优结局并不相同，这反映了个人理性与集体理性的矛盾，在现实生活中具有相当的普遍性，这就是著名的"囚徒困境模型"。

解决囚徒困境，推动最佳选择和最优结局一致的方法就是建立信任机制开展重复博弈，只有在重复博弈的过程中，一个"理性经济人"才不会仅仅只考虑个人短期利益，而是会看得更远、注重声誉，不会短期内坑蒙拐骗。举例来说，小区楼下的菜市场的商贩几乎不会就价格和产品质量问题来欺骗购买者，因为商贩知道他和买家是要进行重复博弈；而在火车站和长途汽车站外主要面对流动性消费者的商家往往就会更容易发生欺骗行为，因为商家知道他是在和他的顾客进行单次博弈。

因此，根据博弈论的原理，一次性博弈当中不可能产生合作，合作的前提是重复性博弈，一次性博弈对参与者来说只有眼前利益，背叛对方对自己来说是最优策略；而重复性博弈中，参与者会考虑到长远利益，合作便成为可能。

建立健全社会信用体系的最大意义就是让原本的一次性非合作博弈变成重复性合作博弈。

在社会信用体系不健全时，假设甲乙双方进行一次性交易，若甲欺骗了乙，由于社会信用体系不健全，甲因为不诚信反而会获得收益为5，乙因为被骗收益为-5；反之则乙的收益为5，甲的收益为-5。若是甲乙都诚信，双方收益均为2.5；若甲乙均不诚信，因交易无法达成各自收益均为0，收益矩阵如下。

		乙	
		诚信	不诚信
甲	诚信	(2.5, 2.5)	(-5, 5)
	不诚信	(5, -5)	(0, 0)

上述博弈过程中，若甲选择诚信，则乙选择诚信会有2.5的收益，选择不诚信会有5的收益，显然乙选择不诚信是最优策略；若甲选择不诚信，则乙选择诚信会有-5的收益，选择不诚信则收益为0，显然乙选择不诚信是最优策略。即无论甲选择诚信还是不诚信，乙最优策略均为选择不诚信，反之亦然，无论乙选择诚信还是不诚信，甲最优策略均为选择不诚信。这样一来，无论对方如何选择，本方选择不诚信都是最佳选择，由于两个人都无法信任对方，最终纳什平衡点为同时选择不诚信，合作平衡难以达到，只能选择两者收益均为0的均衡。

在建立健全社会信用体系以后，不诚信将会被纳入信用记录，选择不诚信的一方将会被惩戒，在社会中受到约束和限制，此时，一次性博弈就变成了重复博弈，双方收益将会发生变化。

若甲选择诚信，乙选择诚信将有2.5的收益，选择不诚信则有-5的收益，乙的最优策略为选择诚信；若甲选择不诚信，乙选择诚信会有5的收益，选择不诚信则无收益。于是，无论甲如何选择，乙方的最优策略均为选择诚信，同理，无论乙如何选择，甲方的最优策略均为选择诚信。这一轮博弈下来，甲乙双方的最优策略变为均讲诚信，这便是社会信用体系的作用。此时甲乙双方博弈的矩阵为：

		乙	
		诚信	不诚信
甲	诚信	(2.5, 2.5)	(5, −5)
	不诚信	(−5, 5)	(0, 0)

正是社会信用体系的作用，让博弈有了第二场，而第二场博弈结果影响到了下一次博弈的选择，重复性博弈促成了合作。二次博弈的存在，让处于"囚徒困境"当中的双方有了彼此互信的基础。

通过博弈论分析发现，在一个社会信用体系健全的良好信用环境中，违约成本高于收益，最优策略是选择诚实守信；而在一个社会信用体系不健全的社会，信用缺失者可获得额外收益，最优策略就是不讲信用。通过社会信用体系建设，让诚实守信成为市场主体的最优选择、主动选择。

农村信用体系建设作为社会信用体系建设的重要组成部分，同样可以用博弈论来解释。根据博弈论，加强农村信用体系建设，能够优化农村信用环境，在广大农村地区形成崇尚诚信的社会氛围。博弈论为解释农村信用体系建设提供了理论根基。

第四节　小　结

本章尝试从三大理论视角解构和分析农村信用体系建设。

信息不对称理论认为，信息不对称是产生失信行为的重要原因之一，由于缺乏历史交易信息、信息传递不畅，失信者往往不能被市场及时发现而受到约束。建设一体化、"一站式"的信息共享平台，畅通传递机制、实现信息共享交换，是促进交易双方信息透明、破解信息不对称问题的关键。农村信用体系建设通过为农业农村主体建立信用档案、加强农村信用信息共享等方式破解农村信用体系建设过程中信息不对称问题。

交易成本理论认为，守信更易于促成合作，降低经济社会运行的交易成本；失信会增加经济社会运行的交易成本，让彼此变得更加不信任对方。解决失信问题就要加大失信成本，建立信用奖惩机制是有效降低经济社会交易成本、提高经济社会运行效率的关键。农村信用体系建设中，需要充分发挥信用奖惩机制对信用状况良好的农户进行正向激励，对信用状况不良的农户进行约束，形成惩恶扬善、激浊扬清的诚信氛围。

博弈论认为，一次性博弈当中不可能产生合作，合作的前提是重复性博弈。建立健全社会信用体系的最大意义是让一次性非合作博弈变成重复性合作博弈。在农村信用体系推进过程中，不诚信行为将会被纳入信用记录，选择不诚信的一方将会在社会中受到约束和限制，此时，一次性博弈就变成了重复博弈，农村信用体系建设让诚实守信成为市场主体的最优选择、主动选择，这是博弈论在农村信用体系建设中的具体应用。

第三章 农村信用体系建设发展脉络与发展现状

农村信用体系建设是现代农村经济发展的基石。本章在对农村信用体系建设发展脉络剖析的基础上，对农村信用体系建设取得的积极进展进行系统梳理和盘点，形成了农村信用体系建设的发展现状描述。

第一节 发展脉络

回顾农村信用体系建设发展历程，梳理重要变迁和历史脉络，以重要时间节点和重要文件部署为"分水岭"，初步可以划分为四个阶段：萌芽雏形阶段、正式提出阶段、全面实施阶段和振兴发展阶段。

（一）萌芽雏形阶段

从时间划分上看，农村信用体系建设的萌芽雏形阶段是在 2008 年党的十七届三中全会以前。这一阶段农村信用体系建设特征是侧重支农信贷，工作重心聚焦在农村信用社支农服务、推进农户小额信用贷款、推动建立农村信贷担保机制等方面，这是农村信用体系建设正式提出前的雏形萌芽时期，为正式提出工作部署和具体要求谱写了前奏。

农村信用体系建设最早可以追溯到 1999 年，标志为中国人民银行围绕农村信用贷款作出政策部署。如中国人民银行先后印发《农村信用社农户小额信用贷款管理暂行办法》（银发〔1999〕245 号）、《农村信用合作社农户小额信用贷款管理指导意见》（银发〔2001〕397 号）等。随后 2004 年至 2008 年，连续五年的中央一号文件围绕农户小额信用贷款、增加农业农村信贷投放等作出明确要求，如 2007 年《中共中央 国务院关于积极发展现代农业扎实推进社会主义新农村建设的若干意见》（以下简称 2007 年中央一号文件）

提出，探索建立农资流通企业信用档案制度和质量保障赔偿机制等；2008 年
《中共中央　国务院关于切实加强农业基础建设进一步促进农业发展农民增
收的若干意见》（以下简称 2008 年中央一号文件）提出，鼓励发展信用贷款
和联保贷款；探索建立政府支持、企业和银行多方参与的农村信贷担保机制；
支持发展农户产品出口信贷和信用保险等。

（二）正式提出阶段

农村信用体系建设第二个重要阶段为正式提出阶段，时间跨度为 2008 年
至 2014 年。2008 年 10 月 12 日，党的十七届三中全会审议通过的《中共中
央关于推进农村改革发展若干重大问题的决定》正式提出，"加快农村信用
体系建设"，这是农村信用体系建设首次被写入党的重大决定，由此拉开了
农村信用体系建设的序幕。

根据党的十七届三中全会精神，中国人民银行于 2009 年发布了《中国人
民银行关于推进农村信用体系建设工作的指导意见》（银发〔2009〕129
号），明确提出农村信用体系建设的主要内容是改善农村信用环境和融资环
境，推进原则为"统一部署、健全机制；因地制宜、科学合理；先易后难、
稳步推进；改革创新、支农惠农"，并明确了包括加大农村地区信用宣传力
度、推进农户电子信用档案建设等在内的九大工作任务与要求。

随后多年的中央一号文件就推进农村信用体系建设作出明确部署，如
2010 年《中共中央　国务院关于加大统筹城乡发展力度进一步夯实农业农村
发展基础的若干意见》（以下简称 2010 年中央一号文件）再次强调"积极推
广农村小额信用贷款；搞好农村信用环境建设"；2012 年《中共中央　国务
院关于加快推进农业科技创新持续增强农产品供给保障能力的若干意见》
（以下简称 2012 年中央一号文件）要求"大力推进农村信用体系建设，完善
农户信用评价机制"；2013 年《中共中央　国务院关于加快发展现代农业进
一步增强农村发展活力的若干意见》（以下简称 2013 年中央一号文件）要求
"在信用评定基础上对示范社区开展联合授信，有条件的地方予以贷款贴息，
规范合作社开展信用合作"。同时，2013 年中国人民银行印发《小微企业和
农村信用体系建设数据项指引》，为更加规范发展农村信用体系建设提供政
策指引。

这一阶段农村信用体系建设以中国人民银行为主导，强调建立信用档案、提供信贷支持，形成了初步的政策指导，农户电子信用档案建设成绩斐然。截至 2010 年 6 月末，全国 31 个省（区、市）所辖的 2657 个县（区、市）中已有 2426 个县（区、市）开展了农户信用档案建设工作，2122 个县（区、市）已建立农户信用评价体系。全国农村地区金融机构共为 1.1 亿多农户建立了信用档案，并对其中 7653 万农户进行了信用评定。已建立信用档案的农户中获得信贷支持的农户达 7029 万户，贷款发生额超过 2.6 万亿元，贷款余额为 1.16 万亿元①。

农村信用体系建设从首次提出到不断发展完善，有力地夯实了金融支农基础，减少了农户与金融机构间的信息不对称，推动了农户小额信用贷款的快速发展，提高了农民的信用意识，改善了农村信用环境，为后续全面实施打下扎实基础。

（三）　全面实施阶段

农村信用体系建设第三个重要阶段为全面实施阶段，时间跨度为 2014 年至 2020 年。2014 年是开启农村信用体系建设全面实施阶段的关键之年。这一年，涉及农村信用体系建设的多个重磅文件接连发布，标志着农村信用体系建设迎来全面实施阶段。

2014 年 2 月印发的《中国人民银行关于加快小微企业和农村信用体系建设的意见》（银发〔2014〕37 号），围绕农村信用体系建设，确定了"政府领导，市场参与；人行推动，多方支持；试点先行，逐步推进；积极创新，务求实效"的工作原则，提出了完善信用信息征集体系、建立信用评价机制、健全信息通报与应用制度、推进试验区建设、健全政策支持体系、发挥宣传引导作用等六项工作任务，并公布了 32 个县（市）作为全国农村信用体系试验区，鼓励自下而上开展探索与创新，加快推进农村信用体系建设。

2014 年发布的《国务院关于印发社会信用体系建设规划纲要（2014—

---

① 征信管理局．杜金富：推进农村信用体系建设　有效夯实金融支农基础［EB/OL］．（2010 - 09 - 20）［2022 - 10 - 15］．http：//www. pbc. gov. cn/zhengxinguanliju/128332/128434/128483/2848090/index. html.

2020年）的通知》（国发〔2014〕21号）是社会信用体系建设领域首部国家级专项规划，标志着以国家发展和改革委员会、中国人民银行为双牵头单位共同推进社会信用体系建设工作格局正式拉开帷幕。该文件对实施农村信用体系建设专项工程作出明确部署，"为农户、农场、农民合作社、休闲农业和农产品生产、加工企业等农村社会成员建立信用档案，夯实农村信用体系建设的基础。开展信用户、信用村、信用乡（镇）创建活动，深入推进青年信用示范户工作，发挥典型示范作用，使农民在参与中受到教育，得到实惠，在实践中提高信用意识。推进农产品生产、加工、流通企业和休闲农业等涉农企业信用建设。建立健全农民信用联保制度，推进和发展农业保险，完善农村信用担保体系。"

随后，又有多个政策文件对农村信用体系建设作出明确部署，如2015年中国人民银行相继发布《中国人民银行办公厅关于进一步做好小微企业和农村信用体系建设工作的通知》（银办发〔2015〕101号）《中国人民银行关于全面推进中小企业和农村信用体系建设的意见》（银发〔2015〕280号）；2016年《中共中央 国务院关于落实发展新理念加快农业现代化实现全面小康目标的若干意见》（以下简称2016年中央一号文件）提出"全面推进农村信用体系建设"；2017年《中共中央 国务院关于深入推进农业供给侧结构性改革加快培育农业农村发展新动能的若干意见》（以下简称2017年中央一号文件）提出，"加强农民合作社规范化建设，积极发展生产、供销、信用'三位一体'综合合作；推进"信用户""信用村""信用乡（镇）"创建；2018年，《国家乡村振兴战略规划（2018—2022年）》要求"建立农资和农产品生产企业信用信息系统，对失信市场主体开展联合惩戒；建立农业对外合作公共信息服务平台和信用评价体系等；推进诚信建设，强化农民的社会责任意识、规则意识、集体意识和主人翁意识；建立健全农村信用体系，完善守信激励和失信惩戒机制；加快建立新型经营主体支持政策体系和信用评价体系，落实财政、税收、土地、信贷、保险等支持政策；充分发挥全国信用信息共享平台和金融信用信息基础数据库的作用，探索开发新型信用类金融支农产品和服务"。

这一阶段由中国人民银行主导的农村信用体系建设逐步向由国家发展和改革委员会、中国人民银行双牵头统筹推进社会信用体系建设过渡，农村信用体系建设作为社会信用体系建设专项工程由双牵头部门加以推进，更加强调了体系化和整体性，一系列政策规范要求全面铺开。在国家层面有政策规范保驾护航，在地方层面有全国 32 个农村信用体系建设试验区先行先试，形成了自上而下和自下而上相结合的推进模式。农村信用体系建设在政策推动下，形成全面推进、全面发力的新局面，奏响了迎接振兴发展阶段的主旋律。

（四）振兴发展阶段

农村信用体系建设第四个重要阶段为振兴发展阶段，时间跨度为 2021 年至今。2021 年是国家"十四五"开局之年，也是全面推进乡村振兴的关键之年，农村信用体系建设迎来振兴发展阶段。

2021 年中央一号文件强调，"开展生产、供销、信用'三位一体'综合合作试点，稳妥规范开展农民合作社内部信用合作试点；支持市县构建域内共享的涉农信用信息数据库，用 3 年时间基本建成比较完善的新型农业经营主体信用体系；大力开展农户小额信用贷款、保单质押贷款、农机具和大棚设施抵押贷款业务；鼓励开发专属金融产品支持新型农业经营主体和农村新产业新业态，增加首贷、信用贷"。2022 年中央一号文件明确提出，"深入开展农村信用体系建设，发展农户信用贷款"。2022 年 3 月，《中国人民银行关于做好 2022 年金融支持全面推进乡村振兴重点工作的意见》要求，"深入推进农村信用体系建设。继续开展'信用户''信用村''信用乡（镇）'创建，完善各级涉农信用信息系统，因地制宜建设地方征信平台，精准识别各类农村经济主体信用状况，以信用建设促进信用贷款投放。积极推进新型农业经营主体信用评价，加快建设新型农业经营主体信用体系。探索开展信用救助，创新信用评价结果运用。"此后，银保监会也发文要求积极推动辖内涉农信用信息数据平台建设，加强部门间信用数据共享，健全农村信用体系。

这一阶段是巩固拓展脱贫攻坚成果同乡村振兴有效衔接的关键时期，其特征是多部门协调联动，合力推进农村信用体系建设，向着更加系统、完善、全面的方向发展（见表 3 - 1）。

表 3 – 1　我国农村信用体系建设发展脉络

时间	相关政策	主要内容
1999 年7 月 21 日	中国人民银行关于印发《农村信用社农户小额信用贷款管理暂行办法》的通知（银发〔1999〕245 号）	改进和加强农村信用社支农服务，充分发挥农村信用社在支持农民、农业和农村经济发展中的作用
2001 年12 月 7 日	中国人民银行关于印发《农村信用合作社农户小额信用贷款管理指导意见》的通知（银发〔2001〕397 号）	大力推进农户小额信用贷款，方便农户借贷；建立信用评定制度，完善农户贷款信用体系
2003 年4 月 8 日	《中国人民银行关于进一步做好农村信用社支农服务工作的通知》（银发〔2003〕81 号）	继续推广和完善农户小额信用贷款和农户联保贷款
2004 年中央一号文件	《中共中央　国务院关于促进农民增加收入若干政策的意见》	继续扩大农户小额信用贷款和农户联保贷款；鼓励政府出资的各类信用担保机构积极拓展符合农村特点的担保业务
2007 年中央一号文件	《中共中央　国务院关于积极发展现代农业扎实推进社会主义新农村建设的若干意见》	探索建立农资流通企业信用档案制度和质量保障赔偿机制
2008 年中央一号文件	《中共中央　国务院关于切实加强农业基础建设进一步促进农业发展农民增收的若干意见》	鼓励发展信用贷款和联保贷款；探索建立政府支持和银行多方参与的农村信贷担保机制；支持发展农产品出口信贷和信用保险
2008 年 10 月12 日党的十七届三中全会	《中共中央关于推进农村改革发展若干重大问题的决定》	加快农村信用体系建设
2009 年4 月 21 日	《中国人民银行关于推进农村信用体系建设工作的指导意见》（银发〔2009〕129 号）	从农村信用体系建设的重要性、农村信用体系建设的原则与目标、农村信用体系建设的工作任务与要求、组织领导四方面部署农村信用体系建设工作
2010 年中央一号文件	《中共中央　国务院关于加大统筹城乡发展力度进一步夯实农业农村发展基础的若干意见》	积极推广农村小额信用贷款；搞好农村信用环境建设

续表

时间	相关政策	主要内容
2012 年 中央一号文件	《中共中央　国务院关于加快推进农业科技创新持续增强农产品供给保障能力的若干意见》	大力推进农村信用体系建设，完善农户信用评价机制
2013 年 中央一号文件	《中共中央　国务院关于加快发展现代农业进一步增强农村发展活力的若干意见》	加强涉农信贷与保险协作配合，创新符合农村特点的抵（质）押担保方式和融资工具，建立多层次、多形式的农业信用担保体系；在信用评定基础上对示范社开展联合授信，有条件的地方予以贷款贴息，规范合作社开展信用合作
2013 年	中国人民银行印发《农村信用体系建设基本数据项指引》（银办发〔2013〕62 号）	人民银行结合"管理征信业，推进建立社会信用体系"的职责，以小微企业、农户等经济主体为对象，开展了小微企业和农村信用体系建设工作。以信用信息的征集、评价和应用为主线，构建以信用信息服务为基础、信用增进和政策支持为支撑的服务平台，有效地支持了小微企业和农户融资，改善了地方金融生态环境，促进了普惠金融发展。截至 2013 年底，人民银行推动共为 243 万户小微企业和 1.51 亿农户建立了信用档案
2014 年 中央一号文件	《中共中央　国务院关于全面深化农村改革加快推进农业现代化的若干意见》	探索开办涉农金融领域的贷款保证保险和信用保险等业务；将涉农信贷投放情况纳入信贷政策导向效果评估和综合考评体系；引导金融信贷、风险投资等进入农业科技创新领域；采取财政扶持、税费优惠、信贷支持等措施，大力发展主体多元、形式多样、竞争充分的社会化服务；增强农村信用社支农服务功能，保持县域法人地位长期稳定
2014 年 2 月 7 日	《中国人民银行关于加快小微企业和农村信用体系建设的意见》（银发〔2014〕37 号）	完善信用信息征集体系；建立信用评价机制；健全信息通报与应用制度
2014 年 6 月 14 日	《国务院关于印发社会信用体系建设规划纲要（2014—2020 年）的通知》（国发〔2014〕21 号）	小微企业和农村信用体系建设积极推进；实施农村信用体系建设专项工程。为农户、农场、农民合作社、休闲农业和农产品生产、加工企业等农村社会成员建立信用档案，夯实农村信用体系建设的基础。开展信用户、信用村、信用乡（镇）创建活动，深入推进青年信用示范户工作，发挥典型示范作用，使农民在参与中受到教育，得到实惠，在实践中提高信用意识。推进农产品生产、加工、流通企业和休闲农业等涉农企业信用建设。建立健全农民信用联保制度，推进和发展农业保险，完善农村信用担保体系

续表

时间	相关政策	主要内容
2015 年 中央一号文件	《中共中央　国务院关于加大改革创新力度加快农业现代化建设的若干意见》	综合运用财政税收、货币信贷、金融监管等政策措施，推动金融资源继续向"三农"倾斜，确保农业信贷总量持续增加、涉农贷款比例不降低；开展信贷资产质押再贷款试点；国家开发银行要创新服务"三农"融资模式，进一步加大对农业农村建设的中长期信贷投放；提高农村信用社资本实力和治理水平，牢牢坚持立足县域、服务"三农"的定位
2015 年 4 月 21 日	《中国人民银行办公厅关于进一步做好小微企业和农村信用体系建设工作的通知》（银办发〔2015〕101 号）	构建多方面共同推进的工作局面、形成多渠道信息征集与信用评价制度、健全多方式信用信息服务体系、开展多类型信用培育与信用增进、制定多层次支持政策措施、完善多方位组织保障机制
2015 年 9 月 25 日	《中国人民银行关于全面推进中小企业和农村信用体系建设的意见》（银发〔2015〕280 号）	充分认识中小（微）企业和农村信用体系建设的重要意义、构建多方面共同参与的工作机制、搭建以"数据库＋网络"为核心的信用信息服务平台、开展信用评价和信用培育、强化信用信息应用于社会服务、健全信用正向激励和失信惩戒政策措施、鼓励探索市场化运作机制、加强数据库检测分析与管理
2016 年 中央一号文件	《中共中央　国务院关于落实发展新理念加快农业现代化实现全面小康目标的若干意见》	全面推进农村信用体系建设；积极探索农业保险保单质押贷款和农户信用保证保险；完善"三农"贷款统计，突出农户贷款、新型农业经营主体贷款、扶贫贴息贷款等
2017 年 中央一号文件	《中共中央　国务院关于深入推进农业供给侧结构性改革加快培育农业农村发展新动能的若干意见》	加强农民合作社规范化建设，积极发展生产、供销、信用"三位一体"综合合作；推进信用户、信用村、信用乡镇创建；支持金融机构开展适合新型农业经营主体的订单融资和应收账款融资业务
2018 年 中央一号文件	《中共中央　国务院关于实施乡村振兴战略的意见》	推进诚信建设，强化农民的社会责任意识、规则意识、集体意识、主人翁意识；切实发挥全国农业信贷担保体系作用，通过财政担保费率补助和以奖代补等，加大对新型农业经营主体支持力度。加快设立国家融资担保基金，强化担保融资增信功能，引导更多金融资源支持乡村振兴

时间	相关政策	主要内容
2018 年 5 月 31 日	《国家乡村振兴战略规划（2018—2022 年）》	建立农资和农产品生产企业信用信息系统，对失信市场主体开展联合惩戒；建立农业对外合作公共信息服务平台和信用评价体系；推进诚信建设，强化农民的社会责任意识、规则意识、集体意识和主人翁意识。建立健全农村信用体系，完善守信激励和失信惩戒机制。加快建立新型经营主体支持政策体系和信用评价体系，落实财政、税收、土地、信贷、保险等支持政策；充分发挥全国信用信息共享平台和金融信用信息基础数据库的作用，探索开发新型信用类金融支农产品和服务
2019 年 中央一号文件	《中共中央　国务院关于坚持农业农村优先发展做好"三农"工作的若干意见》	落实好减税降费政策，鼓励地方设立乡村就业创业引导基金，加快解决用地、信贷等困难；健全农业信贷担保费率补助和以奖代补机制，研究制定担保机构业务考核的具体办法，加快做大担保规模；用好差别化准备金率和差异化监管等政策，切实降低"三农"信贷担保服务门槛；鼓励银行业金融机构加大对乡村振兴和脱贫攻坚中长期信贷支持力度；推动农村商业银行、农村合作银行、农村信用社逐步回归本源，为本地"三农"服务。加快构建新型农业补贴政策体系
2019 年 1 月 29 日	《中国人民银行　银保监会　证监会　财政部　农业农村部关于金融服务乡村振兴的指导意见》	加快推进农村信用体系建设。按照政府主导、人民银行牵头、各方参与、服务社会的整体思路，全面开展信用乡镇、信用村、信用户创建活动，发挥信用信息服务农村经济主体融资功能。强化部门间信息互联互通，推行守信联合激励和失信联合惩戒机制，不断提高农村地区各类经济主体的信用意识，优化农村金融生态环境。稳步推进农户、家庭农场、农民合作社、农业社会化服务组织、农村企业等经济主体电子信用档案建设，多渠道整合社会信用信息，完善信用评价与共享机制，促进农村地区信息、信用、信贷联动。 到 2020 年，金融服务乡村振兴实现以下目标：农村信用体系建设持续推进，农户及新型农业经营主体的融资增信机制显著改善

续表

时间	相关政策	主要内容
2020 年 中央一号文件	《中共中央 国务院关于抓好"三农"领域重点工作确保如期实现全面小康的意见》	稳妥扩大农村普惠金融改革试点，鼓励地方政府开展县域农户、中小企业信用等级评价；符合条件的家庭农场等新型农业经营主体可按规定享受现行小微企业相关贷款税收减免政策。发挥全国农业信贷担保体系作用，做大面向新型农业经营主体的担保业务
2021 年 中央一号文件	《中共中央 国务院关于全面推进乡村振兴加快农业农村现代化的意见》	深化供销合作社综合改革，开展生产、供销、信用"三位一体"综合合作试点，健全服务农民生产生活综合平台；明确地方政府监管和风险处置责任，稳妥规范开展农民合作社内部信用合作试点；支持市县构建域内共享的涉农信用信息数据库，用 3 年时间基本建成比较完善的新型农业经营主体信用体系；大力开展农户小额信用贷款、保单质押贷款、农机具和大棚设施抵押贷款业务；鼓励开发专属金融产品支持新型农业经营主体和农村新产业新业态，增加首贷、信用贷
2021 年 3 月	《中国人民银行办公厅关于进一步推动地方征信平台建设的指导意见》《中国人民银行办公厅关于进一步改善中小微企业征信服务的通知》《中国人民银行征信管理局关于印发省级地方征信平台建设标准和建立平台建设应用成效情况报告制度的通知》	指导分支机构主动与地方政府对接，配合地方政府建设地方征信平台，推进金融、政务、公用事业、商务等不同领域的信用信息共享应用，助力中小微企业融资发展
2021 年 4 月 2 日	《中国银保监会办公厅关于 2021 年银行业保险业高质量服务乡村振兴的通知》（银保监办发〔2021〕44 号）	加强农村信用体系建设；建立并完善域内涉农信用信息数据平台；开展新型农业经营主体信用建档评级工作，力争在 2023 年底基本实现信用建档评级全覆盖；授信"能授尽授"，合理用信需求得到有效满足，优化农村信用生态环境

时间	相关政策	主要内容
2021年 6月29日	《中国人民银行　银保监会　证监会　财政部　农业农村部　乡村振兴局关于金融支持巩固拓展脱贫攻坚成果全面推进乡村振兴的意见》（银发〔2021〕171号）	因地制宜深入推进农村信用体系建设。继续开展信用户、信用村、信用乡（镇）创建，鼓励开展符合地方实际的农村信用体系建设行动，不断提升乡村治理水平。支持市县构建域内共享的涉农信用信息数据库，用3年时间基本建成比较完善的新型农业经营主体信用体系，探索开展信用救助。支持有条件的地区设立市场化征信机构运维地方征信平台，引导市场化征信机构提供高质量的涉农征信服务。进一步完善金融信用信息基础数据库功能，扩大覆盖主体范围。 到2025年，金融扶贫成果巩固拓展，脱贫地区和脱贫人口自我发展能力明显增强。金融服务乡村振兴的体制机制进一步健全，信贷、债券、股权、期货、保险等金融子市场支农作用有效发挥，农村信用体系建设深入推进，乡村振兴重点领域融资状况持续改善，金融服务乡村振兴能力和水平显著提升
2021年 8月31日	《农业农村部办公厅关于开展2021年度金融支农创新试点的通知》（农办计财〔2021〕35号）	聚焦新型农业经营主体信用体系建设和农业保险精准承保理赔，探索开展农村金融保险体制机制创新。探索建立新型农业经营主体信用体系。支持金融机构与地方农业农村等相关部门加强合作，立足新型农业经营主体特点和金融监管要求，研究确定新型农业经营主体信用体系的核心评价指标，围绕主体评级、项目授信、风险管控等强化信息共享、建设信用体系、构建信贷模型，探索运用农业农村大数据解决新型农业经营主体缺合格抵质押物、缺便捷贷渠道，金融机构缺信用信息、缺评价体系等问题，强化评价成果转化运用，通过机制创新、信息共享、数据增信，提升金融服务的便利和满意度
2022年 中央一号文件	《中共中央　国务院关于做好2022年全面推进乡村振兴重点工作的意见》	深入开展农村信用体系建设，发展农户信用贷款。强化涉农信贷风险市场化分担和补偿，发挥好农业信贷担保作用

续表

时间	相关政策	主要内容
2022年3月30日	《中国人民银行关于做好2022年金融支持全面推进乡村振兴重点工作的意见》（银发〔2022〕74号）	深入推进农村信用体系建设。继续开展"信用户""信用村""信用乡（镇）"创建，完善各级涉农信用信息系统，因地制宜建设地方征信平台，精准识别各类农村经济主体信用状况，以信用建设促进信用贷款投放。积极推进新型农业经营主体信用评价，加快建设新型农业经营主体信用体系。探索开展信用救助，创新信用评价结果运用
2022年4月2日	《中国银保监会办公厅关于2022年银行业保险业服务全面推进乡村振兴重点工作的通知》（银保监办发〔2022〕35号）	各银保监局要积极推动辖内涉农信用信息数据平台建设，加强部门间信用数据共享，健全农村信用体系。采取有效措施，切实防范涉农领域信用风险，纠正过度授信、违规收费等行为
2022年7月20日	中国银保监会系统召开金融服务乡村振兴暨农村信用体系建设工作推进（电视电话）会议	持续深化农村信用体系建设。深刻认识农村信用体系建设的重要性和必要性，坚持政府牵头，坚持互联互通、融合发展，充分融入现有区域内信用信息平台，坚持与乡村治理深度融合，坚持因地制宜、循序渐进，坚持做好风险防范。通过整合涉农信用信息，缓解农村信息不对称的问题，提升农村金融服务水平，优化农村信用环境
2023年中央一号文件	《中共中央　国务院关于做好2023年全面推进乡村振兴重点工作的意见》	加强农业信用信息共享

数据来源：根据公开资料整理。

第二节　发展现状

自2008年党的十七届三中全会首次将农村信用体系建设写入党的重大决定以来，全国各地掀起了探索农村信用体系建设的热潮。目前来看，农村信用体系建设在整体上取得积极进展，成效显著。

（一）农村信用体系建设顶层设计日臻完善

农村信用体系建设是乡村振兴战略实施的重要基础设施。在党中央、国务院的高度重视之下，农村信用体系建设顶层设计日臻完善，多个顶层设计文件连续部署农村信用体系建设工作，尤其是历年来中央一号文件多次对农村信用体系建设的推进工作作出部署。

2009 年发布的《中国人民银行关于推进农村信用体系建设工作的指导意见》（银发〔2009〕129 号），对农村信用体系建设工作作出系统部署。2014年，《中国人民银行关于加快小微企业和农村信用体系建设的意见》公布了32 个农村信用体系建设试验区。鉴于前期试验区的工作成果和建设经验，中国人民银行于 2015 年 9 月发布《中国人民银行关于全面推进中小企业和农村信用体系建设的意见》（银发〔2015〕280 号），鼓励全国各地积极利用市场化机制进行农村信用体系建设。

党的十八大以来，连续多年的中央一号文件对农村信用体系建设工作作出部署。如 2012 年中央一号文件提出，大力推进农村信用体系建设，完善农户信用评价机制；2016 年中央一号文件提出，全面推进农村信用体系建设；2021 年中央一号文件提出，支持市县构建域内共享的涉农信用信息数据库，用 3 年时间基本建成比较完善的新型农业经营主体信用体系；2022 年中央一号文件提出，要深入开展农村信用体系建设。

从"大力推进""全面推进"到"基本建成""深入开展"，这些不同表述反映了农村信用体系建设工作重心的变迁，反映出中央对农村信用体系建设的高度重视，凸显了农村信用体系相关政策的延续性和稳定性。值得注意的是，2022 年中央一号文件对农村信用体系建设采用"深入开展"的措辞，意味着下一阶段农村信用体系建设工作将更为艰巨，工作重点在于探索解决更深层次的矛盾和问题，让农村信用系统能够更加真实、准确、及时地反映农民的生产、资产和信用状况，也让金融机构可以更放心地基于农村信用系统作出业务判断①。

（二）信用促进农户融资正面作用不断凸显

乡村振兴战略实施过程中，由于农村资产作为贷款抵押物大多不被银行认可，农民贷款难是乡村振兴战略实施的一道"拦路虎"。

① 周萃. "深入开展农村信用体系建设"如何破题［N/OL］. 金融时报，（2022 - 04 - 26）［2022 - 10 - 15］. https：//www. creditchina. gov. cn/xinyongyanjiu/xinyongjiedu/202204/t20220425_292420. html? X2I5yQF1hUH6 = 1655826680074.

近年来，中国人民银行指导各级分支机构联合地方政府、农村基层组织、涉农金融机构为农户等经济主体建立信用档案，因地制宜在县级、地市级、省级层面建立农户信用信息数据库；特别是在建设省级地方征信平台方面，中国人民银行多次部署推动省级征信平台建设，先后发布了《中国人民银行办公厅关于进一步推动地方征信平台建设的指导意见》《中国人民银行办公厅关于进一步改善中小微企业征信服务的通知》《中国人民银行征信管理局关于印发省级地方征信平台建设标准和建立平台建设应用成效情况报告制度的通知》等指导意见，明确规定了省级地方征信平台的建设标准和服务功能。截至 2021 年第三季度末，全国已建成各类型省级征信平台 10 家、地市级平台 40 余家①。2021 年各地方征信平台助力 100 多万户企业获得融资支持3.59 万亿元②。同时，中国人民银行指导建设"长三角征信链""珠三角征信链""京津冀征信链"，有效推进区域涉企信用信息互联互通。联合相关部门、涉农金融机构等开展"信用户""信用村""信用乡（镇）"的评定与创建，为改善农村地区金融服务提供信息支持。

通过农村信用体系建设，农户的信用信息被收集并记录下来，农户与金融机构之间的信息不对称问题得到解决，金融机构可以方便地了解农户信息，一些金融机构通过接入信用信息平台或与地方政府合作，获取更多涉农信息数据，再结合智能风控评估模型，为农户"精准画像"，给予信用等级高的农户贷款优先、贷款利率降低等优惠措施，从而全面客观地判断贷款是否发放等问题。

经过多年努力，我国农村信用体系建设已经取得一定成效，农村地区整体金融生态环境有很大改善，信用信息促进农户融资的正面作用不断凸显。有关统计显示，截至 2021 年第一季度末，全国共为 1.88 亿户农户建立信用档案，其中开展信用评定的农户达 1.28 亿户③。

---

① 中国人民银行. 中国人民银行关于政协第十三届全国委员会第四次会议第 0137 号（财税金融类 033 号）提案答复的函 [EB/OL]. （2022 – 04 – 28）［2022 – 10 – 15］. http：//camlmac. pbc. gov. cn/zhengwugongkai/4081330/4081344/4081419/4081727/4541199/index. html.

② 中国人民银行金融消费权益保护局. 中国普惠金融指标分析报告（2021）［R/OL］. （2022 – 09 – 30）［2022 – 10 – 15］. http：//www. pbc. gov. cn/goutongjiaoliu/113456/113469/4671788/20220929 16460881444. pdf.

③ 乡村产业发展司. 对十三届全国人大四次会议第 5058 号建议的答复摘要：农办议〔2021〕261 号［A/OL］. （2021 – 08 – 16）［2022 – 10 – 15］. http：//www. moa. gov. cn/govpublic/XZQYJ/202108/t20210816_6374106. htm.

(三) 新型农业经营主体信用体系明确时间表和任务图

2021 年中央一号文件明确提出，支持市县构建域内共享的涉农信用信息数据库，用 3 年时间基本建成比较完善的新型农业经营主体信用体系。

为深入贯彻落实 2021 年中央一号文件部署，农业农村部于 2021 年 9 月开展金融支农创新试点工作。其中，安徽省蒙城县、江苏省兴化市、山西省翼城县、福建省古田县、安徽省阜南县、江苏省南京市、上海市、河南省安阳县、重庆市城口县围绕新型农业经营主体信用体系建设开展创新试点工作①。这意味着新型农业经营主体信用体系明确了时间表和任务图。

试点以来，各地结合自身优势作出积极探索，如安徽省蒙城县将"信用变金"为新型农业经营主体注入源头活水，江苏省兴化市构建了"征信＋融资""政府＋市场"的农村信用体系，福建省古田县创新了新型农业经营主体管理及信用分级评价系统等，本书将在第六章进行详细介绍。

(四) 全国 32 个农村信用体系建设试验区崭露头角

2014 年，《中国人民银行关于加快小微企业和农村信用体系建设的意见》（银发〔2014〕37 号）明确提出，选择条件较好的地区开展农村信用体系试验区建设，在地方政府的领导与大力支持下，建立试验区建设的组织领导与工作机制，制定完善的试验区建设工作方案和组织保障措施，创新工作模式与方法，发挥典型示范作用。全国 32 个农村信用体系建设试验区名单见表 3 - 2。

表 3 - 2　全国 32 个农村信用体系建设试验区名单

序号	省份	县 (市、区)	序号	省份	县 (市、区)
1	河北	肃宁县	6	黑龙江	克山县
2	山西	孝义市	7	江苏	仪征市
3	内蒙古	正镶白旗	8	浙江	丽水市
4	辽宁	北票市	9	安徽	金寨县、桐城市
5	吉林	和龙市	10	福建	沙县

① 新华网. 新华财经｜2021 年社会信用体系建设十大进展 ［EB/OL］. （2022 - 01 - 02）. ht-tps：//h. xinhuaxmt. com/vh512/share/10504191？ channel = weixin.

续表

序号	省份	县（市、区）	序号	省份	县（市、区）
11	江西	遂川县、新干县	20	四川	会理县
12	山东	五莲县	21	贵州	兴仁县
13	河南	信阳市平桥区、上蔡县	22	云南	勐海县
14	湖北	松滋市	23	西藏	琼结县
15	湖南	麻阳苗族自治县	24	陕西	高陵县
16	广东	梅州市、郁南县	25	甘肃	庆阳市
17	广西	田东县	26	青海	海东市
18	海南	三亚市	27	宁夏	平罗县
19	重庆	巴南欧	28	新疆	伊宁县

数据来源：中国人民银行。

全国 32 个农村信用体系建设试验区获批后，各地充分结合地方实际情况，探索出具有地方特色的农村信用体系建设模式，取得良好效果。例如，浙江省丽水市立足当地农村实际，以农村信用信息归集、评价、共享为切入口，统筹推进金融信用、社会信用、生态信用"三位一体"农村信用体系建设，形成信用赋能乡村振兴的"丽水样板"；又如，湖北省松滋市以征信助推农民专业合作社发展为深化，以农村青年信用示范工程为引领，探索出一条"以人为本、普惠包容"的农村信用体系建设之路，取得农村信用环境优化、农民信用意识提升、金融创新产品增加、信贷支农力度增强、农户融资成本降低的良好效果。

（五）农村信用体系建设纳入全国信用示范区考核指标

根据《国务院关于印发社会信用体系建设规划纲要（2014—2020 年）的通知》（国发〔2014〕21 号）有关部署，国家发展和改革委员会、中国人民银行鼓励地方开展试点示范、积极探索实践，自 2015 年起分批组织了包括副省级城市、地级市、县级市和直辖市城区在内的多个城市（城区）创建社会信用体系建设示范城市（城区）。直辖市作为整体不参与创建工作，可以城区为单位开展创建。示范创建工作按照城市自愿申报、第三方中期评估、专家评审等流程推进。截至 2022 年底，社会信用体系建设示范区经过评审，共分三批累计产生了 62 个社会信用体系建设示范区。

2018 年 1 月，首批社会信用体系建设示范城市对外公布，包括杭州、南京、厦门、成都、苏州、宿迁、惠州、温州、威海、潍坊、义乌、荣成 12 个城市。

2019年8月，第二批社会信用体系建设示范城市（城区）对外公布，包括青岛市、武汉市、鞍山市、上海市浦东新区、上海市嘉定区、无锡市、合肥市、淮北市、芜湖市、安庆市、福州市、莆田市、郑州市、宜昌市、咸宁市、泸州市16个城市（城区）。

2021年9月，第三批社会信用体系建设示范区名单公示，天津市滨海新区、邢台市、大连市、营口市、四平市、上海市徐汇区、上海市普陀区、常州市、淮安市、扬州市、昆山市、宁波市、湖州市、金华市、衢州市、舟山市、台州市、丽水市、济南市、烟台市、济宁市、德州市、新泰市、漯河市、南阳市、荆门市、广州市、深圳市、佛山市、重庆市巴南区、重庆市江津区、重庆市铜梁区、保山市、延安市34个地区入选。

以第三批社会信用体系建设示范区评审指标为例，农村信用体系建设正式被纳入评审指标，分值为3分，具体分值分布为农村信用信息系统建设（1分）、农户信用信息覆盖率（1分）以及新型农业经营主体信用信息覆盖率（1分）。具体评审要求如表3-3所示。

表3-3　农村信用体系建设被纳入全国信用示范区评审指标评分细则

评审指标	指标细则	备注
农村信用信息系统建设（1分）	辖区内建立了农村信用信息系统，系统正常运行并及时更新	辖区内或辖区内所在省（区、市）均建立了信息系统者，按就高不就低原则赋分
	辖区内所在省（区、市）建立了省级农村信用信息系统，及时归集辖区内农村信用信息并按要求向省级系统报送	
农户信用信息覆盖率（1分）	辖区内建立农村信用信息系统的，得分为相关信息系统涵盖农户数（多个系统相加并去重）/辖区内农户总数	
	辖区内所在省（区、市）建立了省级农村信用信息系统的，得分为归集并向省级报送的信息涵盖农户数/辖区内农户总数	
	辖区内及所在省（区、市）均未建立农村信用信息系统，或系统已经停用的，得0分	
新型农业经营主体信用信息覆盖率（1分）	辖区内建立农村信用信息系统的，得分为相关信息系统涵盖新型农业经营主体数量（多个系统相加并去重）/辖区内新型农业经营主体总数	
	辖区内所在省（区、市）建立了省级农村信用信息系统的，得分为归集并向省级报送的信息涵盖的新型农业经营主体数量/辖区内农业经营主体总数	
	辖区内及所在省（区、市）均建立农村信用信息系统，或系统已经停用的，得0分	

数据来源：国家发展和改革委员会、中国人民银行。

第三节　小　结

本章以剖析农村信用体系建设发展脉络为切入点，梳理出农村信用体系建设历经的四个阶段，详细阐述了全国农村信用体系建设的现状与成效。

以重要时间节点和重要文件部署为"分水岭"，农村信用体系建设大致历经萌芽雏形阶段、正式提出阶段、全面实施阶段、振兴发展阶段这四个阶段。

农村信用体系建设现状与成效表现为五方面：一是农村信用体系建设顶层设计日臻完善；二是信用促进农户融资正面作用不断凸显；三是新型农业经营主体信用体系明确时间表和任务图；四是全国32个农村信用体系建设试验区崭露头角；五是农村信用体系建设纳入全国信用示范区考核指标。

第四章　农村信用体系建设
面临的机遇与挑战

实施乡村振兴战略，是党的十九大作出的重大决策部署，是决胜全面建成小康社会、全面建设社会主义现代化国家的重大历史任务，是新时代"三农"工作的总抓手。党的二十大报告强调，全面推进乡村振兴。当前，农村信用体系建设面临难得的历史发展机遇，但同时也应该看到，农村信用体系建设仍然存在诸多挑战。

第一节　乡村振兴战略对农村信用体系建设提出新要求

2018 年中央一号文件明确提出，按照"产业兴旺、生态宜居、乡风文明、治理有效、生活富裕"的总要求，建立健全城乡融合发展体制机制和政策体系，统筹推进农村经济建设、政治建设、文化建设、社会建设、生态文明建设和党的建设，加快推进乡村治理体系和治理能力现代化，加快推进农业农村现代化[①]。乡村振兴战略的总要求对农村信用体系建设提出以下五方面要求。

（一）产业兴旺对农村信用体系建设提出要求

乡村振兴，产业兴旺是重点，产业兴旺迫切需要金融助力。构建多元化、多层次、广覆盖的农村金融体系，有利于积极引导金融资源精准流向广大农村地区，推动农民创业创新、促进农业增收；有利于构建农村"一二三"产业融合发展体系，延长产业链、提升价值链、完善利益链；有利于提高农业创新力、竞争力和全要素生产率，加快构建现代农业产业体系、生产体系、

---

① 新华社. 中共中央　国务院关于实施乡村振兴战略的意见［EB/OL］. （2018 – 02 – 04）［2022 – 10 – 15］. http：//www. gov. cn/xinwen/2018 – 02/04/content_5263807. htm.

经营体系，加快实现由农业大国向农业强国转变。可以说，农村金融体系是现代农村经济的核心，是促进产业兴旺的重要手段。

金融机构作出信贷决策时，需要充分掌握授信对象的还款能力和还款意愿。其中，还款能力主要体现在是否有稳定收入来源以及是否有可供抵质押的资产等，还款意愿主要参考授信对象的历史还款情况以及自身的信用意识等。由于农村地区较多主体既缺乏稳定收入来源，又没有可抵押资产，信贷支持很大程度上依赖于信用贷款。因此，信用是农村金融服务的基础，是农村金融资源配置的关键要素。金融机构信贷资金对"三农"的支持，有赖于农村信用体系建设的支撑。

这就迫切要求通过加强农村信用体系建设，为广大农村地区各类主体建立信用档案，广泛采集广大农村地区各类主体信用信息，帮助金融机构为广大农村地区各类主体刻画较为全面的"信用画像"，从而破解金融机构和广大农村地区各类主体之间的信息不对称问题，为金融机构有针对性地开发涉农信用产品和服务提供基础支撑，持续改善和优化农村融资环境，促使金融机构持续加大涉农信贷投放力度，提升农村地区融资效率，降低融资成本，助力产业兴旺。

（二）生态宜居对农村信用体系建设提出要求

乡村振兴，生态宜居是关键。良好生态环境是农村最大优势和宝贵财富。党的十九大报告在部署着力解决突出环境问题时强调，加强固体废弃物和垃圾处置。提高污染排放标准，强化排污者责任，健全环保信用评价、信息强制性披露、严惩重罚等制度。在推进乡村振兴过程中，实现生态宜居目标就必须深入贯彻落实党的十九大提出的"健全环保信用评价制度"相关要求，这是信用建设在农村生态环境领域的具体体现。

作为加强生态环境监管的重要抓手，环保信用评价制度是推动各主体履行生态环境保护责任的重要手段，是贯彻落实党中央、国务院关于生态文明建设和社会信用体系建设决策部署的具体举措。对于广大农村地区来说，落实党的十九大关于"健全环保信用评价制度"的决策部署，最重要的就是按照"依法依规、以评促建、深化应用、保护权益"原则，在广大农村地区，对纳入生态环境监管且对生态环境保护和应对气候变化有重要影响的各类主体全面实施环保信用评价制度，采取包括"规范环保信用评价标准、规范环保信用评价流程、强化环保信用评价结果应用、加强环保信用评价的组织实施"等在内的多项措施，进一步落实生态环境保护主体责任，提升生态环境领域监管能力和水平，持续改善生态环境质量。

（三）乡风文明对农村信用体系建设提出要求

乡村振兴，乡风文明是保障。一方面，乡风文明要求将农村信用体系建设渗透到农村日常生活之中，催开乡风文明治理之花；另一方面，乡风文明要求以社会主义核心价值观为引领，大力弘扬诚信文化，为乡村振兴战略深入实施营造良好的诚信环境。

将农村信用体系建设渗透到农村日常生活方面，部分地方的积极探索为全国其他地方推进乡风文明建设提供了有益经验。这些地区依靠乡风文明建立健全完善的信用信息系统，将移风易俗融入农村信用体系建设，建立乡风文明评议正负面清单，通过成立信用议事会，由村"两委"和村务监督委员投票表决和评价，为遵纪守法、孝老爱亲、诚实守信的村民提供更多看得见、摸得着的"好处"。农村信用体系建设使文明乡风转化为信用价值，农户和村民实实在在地增强了获得感、荣誉感和幸福感。在农村信用体系建设引领下，邻里互帮、尊老爱幼、扶贫济困、助人为乐蔚然成风，村民守信用、学好人、做模范焕发出乡风文明新气象，农村信用体系建设为乡村振兴战略的实施注入新动能。

在以社会主义核心价值观为引领方面，良好的诚信文化是乡村振兴的基本保障，只有大力加强乡村诚信文化建设，才能使广大农村群众办诚信事、说诚信话，进而营造良好的农村信用环境，为产业振兴、人才振兴等创造更为有利的环境，不断推动乡村振兴战略深入开展[1]。在实施乡村振兴战略的过程中，通过大力加强乡村诚信文化建设，能够让诚信之花在乡村盛开，使农户、村民更加重视遵纪守法、更加重视诚实守信，切实发挥乡村诚信文化的教育、引导和服务功能。

---

① 曹向.乡村诚信文化建设对推动乡村振兴作用的思考［EB/OL］.光明网，（2022－06－27）［2022－10－15］.https：//topics.gmw.cn/2022－06/27/content_35839633.htm.

（四）治理有效对农村信用体系建设提出要求

乡村振兴，治理有效是基础，自治、法治、德治是有效治理的关键。作为引导农户、村民自觉践行社会主义核心价值观的有力抓手，农村信用体系建设通过在农村地区建立信用信息档案、推行信用评价机制、推动信用信息公开、建立健全信用奖惩机制、加强诚信宣传教育等方法，促使乡村管理者向乡村综合服务提供者的角色转变，让农户、村民积极主动地参与到村务管理之中，积极主动行使监督权，实现了乡村社会监督、降低政府治理成本、提升乡村治理效率等目标。

自 2016 年开始，山东省荣成市积极探索将信用作为一种治理手段应用于乡村治理，通过"统一基本概念、推行基本制度、优化调整指标设置"等方式实现与村规民约相结合，将信用建设制度目标聚焦在农村人居环境、移风易俗建设以及村庄公共服务等方面，以节约乡村治理成本为契机，全面推行"信用建设＋志愿服务"模式，探索出一套内生动力足的乡村信用建设和乡村治理模式。

余东村作为浙江省衢州市柯城区"信用智治"试点乡村，以建设"数字乡村"为契机，将信用机制嵌入基层治理全过程，为每户村民建立诚信档案，通过农户信用、金融信用、综合治理三个一级指标对全村 300 余户农户进行综合信用积分评价，村民有了信用积分，不仅可以到村信用积分兑换超市兑换相应价值的物品，信用积分排名前 8% 的家庭还可被评为信用红榜家庭，享受张榜表扬、参与"诚信户"评选等政策，激发农户、村民参加志愿服务的积极性。

山东、浙江等部分地区实践经验表明，加快推进农村信用体系建设是推进乡村治理破题的有效"切口"。治理有效对完善农村信用体系建设提出更高要求，需要在乡村振兴过程中进一步健全农村信用体系建设，尤其是在信用信息采集、信用信息共享、信用评价和信用应用等诸多方面继续发力。

（五）生活富裕对农村信用体系建设提出要求

乡村振兴，生活富裕是根本。生活富裕后，提高农村民生保障水平，塑造美丽乡村新风貌，把乡村建设成为幸福美丽新家园就尤为重要。2018 年中央一号文件在部署"提高农村民生保障水平，塑造美丽乡村新风貌"时明确提出，持续改善农村人居环境。

持续改善农村人居环境对农村信用体系建设提出新要求。农村信用体系建设是农村人居环境整治的有力抓手。部分地区在推进乡村振兴战略过程中，大力推进农村信用体系建设，将农村信用体系建设与农村人居环境整治深度融合，取得良好效果，为广大地区破解农村人居环境整治难题贡献经验。这些地区通过印发并实施诸如《农村居民信用管理办法》等涉及农户、村民信用试行细则或管理办法等规范性文件，将志愿服务、义务出工、门前"三包"（包卫生、包秩序、包绿化）等列为村民信用监管重点事项，为当地18周岁以上的村民建立信用档案，对自愿参加卫生扫除、义务植绿护绿、创建美丽庭院等正面行为增加信用分；对乱搭乱建、乱堆乱放、损坏公共设施等负面行为扣减信用分，并依托当地公共信用信息平台，综合各方面情况开展信用评价。对庭院卫生环境较差的，依据村规民约，由村信用工作委员会发放《限期改正通知书》，及时进行提醒，督促抓好整改；对整改不力、屡教不改的，发放《失信减分告知书》，将其失信行为记入信用档案。通过推行信用监管，强化日常保洁，引导农户、村民从自身做起，自觉维护村容村貌，大大减少了乱堆乱放、乱丢垃圾等不文明行为，有效地避免了临时会战、突击整治现象，建立起了农村人居环境整治长效机制。

随着乡村振兴战略的深入推进，生活富裕起来的农民对持续改善农村人居环境有了新期待，这也对农村信用体系建设提出新要求。

第二节　农村信用体系建设迎来难得历史发展机遇

当前，乡村振兴迈入有法可依和全面振兴新阶段，社会信用体系建设迈入高质量发展新阶段，金融服务乡村振兴迈入"精耕细作"阶段，数字乡村建设迈入依法依规推进新阶段，这些都为农村信用体系建设带来难得历史发展机遇。

（一）乡村振兴迈入有法可依和全面振兴新阶段

全面乡村振兴，法治是重要保障。2021年4月29日，《中华人民共和国乡村振兴促进法》（以下简称《乡村振兴促进法》）由中华人民共和国第十三届全国人民代表大会常务委员会第二十八次会议通过，自 2021 年 6 月 1 日起施行。它的通过和施行填补了我国乡村振兴领域的立法空白，标志着乡村振兴战略迈入有法可依、依法实施的新阶段，具有重要的里程碑意义。《乡村振兴促进法》确定了全方位的措施，规定的产业发展、人才支撑、文化繁荣、生态保护、组织建设、城乡融合等，既是乡村振兴的必然要求，也是乡村振兴的重要内容。其突出特点在于"全"，即推动农业全面升级、农村全面进步、农民全面发展。从法律层面确保乡村振兴战略部署得到落实，有利于确保各地不松懈、不变调、不走样，持之以恒促进乡村振兴。自施行以来，《乡村振兴促进法》对我国乡村产业发展、人才支撑、文化繁荣、生态保护、组织建设以及城乡融合等起到了积极促进作用，为全面推进乡村振兴提供坚实法治保障。

从政策文件来看，党的十九大明确提出实施乡村振兴战略后，党中央连续出台政策文件，制订发展规划，对"三农"工作进行全面部署。2022 年中央一号文件提出全面推进乡村振兴重点工作，并从全力抓好粮食生产和重要农产品供给、强化现代农业基础支撑、坚决守住不发生规模性返贫底线、聚焦产业促进乡村发展、扎实稳妥推进乡村建设、突出实效改进乡村治理、加大政策保障和体制机制创新力度、坚持和加强党对"三农"工作的全面领导等八个部分作出明确部署。

无论是强化现代农业基础支撑，还是聚焦产业促进乡村发展，抑或是扎实稳妥推进乡村建设、突出实效改进乡村治理，都需要加强农村信用体系建设，从而提供金融支持或助力基层治理能力和治理水平现代化。因此，乡村振兴进入全面发展阶段后，各种任务对农村信用体系建设的需求更为强烈，农村信用体系建设在全面推进乡村振兴战略中的"新基建"作用将更加凸显，这将为农村信用体系建设带来难得的发展机遇。

（二）社会信用体系建设迈入高质量发展新阶段

完善的社会信用体系建设是供需有效衔接的重要保障，是资源优化配置的坚实基础，是良好营商环境的重要组成部分，对促进国民经济循环高效畅通、构建新发展格局意义重大。

2022 年 3 月，中共中央办公厅、国务院办公厅印发《关于推进社会信用体系建设高质量发展促进形成新发展格局的意见》明确提出，坚持系统观念，统筹发展和安全，培育和践行社会主义核心价值观，扎实推进信用理念、信用制度、信用手段与国民经济体系各方面各环节深度融合，进一步发挥信用对提高资源配置效率、降低制度性交易成本、防范化解风险的重要作用，为提升国民经济体系整体效能、促进形成新发展格局提供支撑保障。

该文件还提出，立足经济社会发展全局，整体布局、突出重点，有序推进各地区各行业各领域信用建设。积极探索创新，运用信用理念和方式解决制约经济社会运行的难点、堵点、痛点问题。推动社会信用体系建设全面纳入法治轨道，规范完善各领域各环节信用措施，切实保护各类主体合法权益。充分调动各类主体积极性创造性，发挥征信市场积极作用，更好发挥政府组织协调、示范引领、监督管理作用，形成推进社会信用体系建设高质量发展合力。

农村信用体系建设是社会信用体系建设的重要组成部分，既是促进中小微企业融资和改善"三农"金融服务的有效手段，也是改善地方信用环境和金融生态环境的切入点。在社会信用体系建设迎来高质量发展新阶段的背景下，农村信用体系建设也将迎来难得的历史发展机遇。可以预见，在新的历史机遇下，农村信用体系建设也将迎来高质量发展的新阶段，届时包括农户、家庭农场、农民合作社、农业社会化服务组织、农村集体经济组织等在内的各类新型农业经营主体的信用记录将会进一步建立健全，涉农主体的信用信息共享和开放将会深入推进，"信用户""信用村""信用乡（镇）"创建等工作将会广泛开展。农户小额信用贷款将会大力发展，支持新型农业经营主体发展壮大的专属金融产品将会日益丰富。

（三）金融服务乡村振兴迈入"精耕细作"阶段

自 2022 年以来，中央出台多个文件对金融服务乡村振兴作出一系列部署，新的历史条件下金融服务乡村振兴面临新使命和新任务，金融服务乡村振兴迈入"精耕细作"阶段，这为农村信用体系建设带来新机遇。

中央出台的多个文件从多方面作出了前瞻性部署。2022 年中央一号文件在部署"强化乡村振兴金融服务"内容时强调，深入开展农村信用体系建设，发展农户信用贷款；2022 年 3 月 30 日，《中国人民银行关于做好 2022

年金融支持全面推进乡村振兴重点工作的意见》（银发〔2022〕74 号）明确提出，深入推进农村信用体系建设。继续开展"信用户""信用村""信用乡（镇）"创建，完善各级涉农信用信息系统，因地制宜建设地方征信平台，精准识别各类农村经济主体信用状况，以信用建设促进信用贷款投放。积极推进新型农业经营主体信用评价，加快建设新型农业经营主体信用体系。探索开展信用救助，创新信用评价结果运用。该文件还明确提出，强化金融科技赋能乡村振兴。继续深入实施金融科技赋能乡村振兴示范工程，发展农村数字普惠金融。各金融机构要充分运用大数据、云计算、第五代移动通信（5G）等新一代信息技术，优化风险定价和管控模型，有效整合涉农主体信用信息，提高客户识别和信贷投放能力，减少对抵押担保的依赖，积极发展农户信用贷款；2022 年 4 月 6 日，《中国银保监会办公厅关于 2022 年银行业保险业服务全面推进乡村振兴重点工作的通知》（银保监办发〔2022〕35 号）在部署"加强新型农业经营主体金融服务"任务时强调，各银保监局要按照《国务院办公厅关于印发加强信用信息共享应用促进中小微企业融资实施方案的通知》（国办发〔2021〕52 号）要求，积极推动地方政府构建新型农业经营主体信息共享机制。银行机构要充分运用各级农业农村部门定期更新发布的农民合作社示范社、示范家庭农场、规模养殖场和农业产业化龙头企业、农业社会化服务组织名单，积极发展面向新型农业经营主体的首贷、信用贷。开展有针对性的金融辅导，助力新型农业经营主体完善内部财务管理，提高信用贷款获得能力。更好发挥全国农业信贷担保体系和国家融资担保基金作用，扩大政府性融资担保覆盖面，拓宽农村资产抵质押物范围，注重发挥农业保险保单增信作用，强化新型农业经营主体信贷风险市场化分担。注重对贷款人真实偿债能力的评估，在风险可控前提下，加大农户经营性信用贷款投放力度。针对农村集体经济组织、农业社会化服务组织融资需求特点，在贷款利率、担保条件、贷款期限等方面制定差异化政策，加大信贷支持力度。《中国银保监会办公厅关于 2022 年银行业保险业服务全面推进乡村振兴重点工作的通知》（银保监办发〔2022〕35 号）在部署"强化农村金融环境建设"任务时，要求各银保监局要积极推动辖内涉农信用信息数据平台建设，加强部门间信用数据共享，健全农村信用体系。推动地方政府充分发挥信息、组织、人员等方面的优势，将乡村治理与农村金融深度融合；完善涉农主体增信机制和涉农贷款风险分担补偿机制，更好发挥政府性融资担保体系作用；建立健全农村产权流转市场体系，为拓宽涉农贷款抵质押物范围提供保障。采取有效措施，切实防范涉农领域信用风险，纠正过度授信、违规收费等行为。同时还要求，加快推进新型农业经营主体信用建档评级，力争2023年底实现基本全覆盖。银行机构要加快研发专属金融产品，努力破解进城农民因资产和信用不足导致的融资难题。

各地对农村信用体系建设的需求日渐高涨。继中国人民银行确定全国32个农村信用体系建设试验区以来，地方因地制宜、积极探索，形成了农村信用体系建设丰富经验和典型案例。为了深入贯彻落实2022年中央一号文件精神，2022年7月25日，农业农村部、国家乡村振兴局印发《农业农村部 国家乡村振兴局关于开展2022年百县千乡万村乡村振兴示范创建的通知》确定北京市大兴区等100个单位为2022年国家乡村振兴示范县创建单位。

政策有要求，试点有需求，在新的历史条件下农村信用体系建设将迎来新的发展机遇。

（四）数字乡村建设迈入依法依规推进新阶段

当前，数字乡村建设迈入依法依规推进新阶段。根据《乡村振兴促进法》第十二条规定：各级人民政府应当坚持以农民为主体，以乡村优势特色资源为依托，支持、促进农村一二三产业融合发展，推动建立现代农业产业体系、生产体系和经营体系，推进数字乡村建设，培育新产业、新业态、新模式和新型农业经营主体，促进小农户和现代农业发展有机衔接。依法推进数字乡村建设成为各级政府的职责，数字乡村建设为农村信用体系建设带来难得历史机遇。

数字经济是继农业经济、工业经济之后的主要经济形态，是以数据资源为关键要素，以现代信息网络为主要载体，以信息通信技术融合应用、全要素数字化转型为重要推动力，促进公平与效率更加统一的新经济形态。

"十三五"时期，我国深入实施数字经济发展战略，不断完善数字基础设施，加快培育新业态新模式，推进数字产业化和产业数字化取得积极成效。2020年底，我国数字经济核心产能增加值占国内生产总值（GDP）比重达到

7.8%，数字经济为经济社会持续健康发展提供了强大动力①。

在深入实施数字经济发展战略背景下，近年来我国不断加大对数字乡村建设的支持力度，党中央、国务院多次作出重要部署。2019年5月，中共中央办公厅、国务院办公厅印发的《数字乡村发展战略纲要》明确提出，到2025年，数字乡村建设取得重要进展。乡村4G深化普及、5G创新应用，城乡"数字鸿沟"明显缩小。初步建成一批兼具创业孵化、技术创新、技能培训等功能于一体的新农民新技术创业创新中心，培育形成一批叫得响、质量优、特色显的农村电商产品品牌，基本形成乡村智慧物流配送体系。乡村网络文化繁荣发展，乡村数字治理体系日趋完善。到2035年，数字乡村建设取得长足进展。城乡"数字鸿沟"大幅缩小，农民数字化素养显著提升。农业农村现代化基本实现，城乡基本公共服务均等化基本实现，乡村治理体系和治理能力现代化基本实现，生态宜居的美丽乡村基本实现。到21世纪中叶，全面建成数字乡村，助力乡村全面振兴，全面实现农业强、农村美、农民富。

2021年，《国务院关于印发"十四五"数字经济发展规划的通知》（国发〔2021〕29号）明确提出，推动数字城乡融合发展。统筹推动新型智慧城市和数字乡村建设，协同优化城乡公共服务。推进乡村治理数字化。推动基本公共服务更好向乡村延伸，推进涉农服务事项线上线下一体化办理。推动农业农村大数据应用，强化市场预警、政策评估、监管执法、资源管理、舆情分析、应急管理等领域的决策支持服务。

2022年，《国务院关于加强数字政府建设的指导意见》（国发〔2022〕14号）提出，推进数字乡村建设，以数字化支撑现代乡村治理体系，加快补齐乡村信息基础设施短板，构建农业农村大数据体系，不断提高面向农业农村的综合信息服务水平。

中央网信办、农业农村部、国家发展和改革委员会、工业和信息化部、国家乡村振兴局联合印发的《2022年数字乡村发展工作要点》明确提出，到2022年底，数字乡村建设取得新的更大进展。数字技术有力支撑农业基本盘更加稳固，脱贫攻坚成果进一步夯实。乡村数字基础设施建设持续推进，5G

---

① 新华社.2020年底我国数字经济核心产能增加值占GDP比重达到7.8%〔EB/OL〕.（2021-03-19）〔2022-10-15〕. https://baijiahao.baidu.com/s?id=1694642470819569156&wfr=spider&for=pc.

网络实现重点乡镇和部分重点行政村覆盖，农村地区互联网普及率超过60%。乡村数字经济加速发展，农业生产信息化水平稳步提升，农产品电商网络零售额突破4300亿元。乡村数字化治理体系不断完善，信息惠民服务持续深化，农民数字素养与技能有效提升，数字乡村试点建设初见成效。

数字乡村建设为农村信用体系建设带来难得历史机遇。一方面，数字乡村建设有利于建立健全农村信用体系建设信用信息系统共建和数据共享规则，强化跨部门、跨层级、跨行业、跨领域之间的协调联动、政策协同和信息共享，破解农村信用体系建设的信息共享难题。另一方面，数字乡村建设有助于利用信息化手段为农村地区经营主体开展诚信"画像"，打通农村金融服务"最后一公里"，改善农村地区金融生态环境，促进农村经济发展。

第三节　农村信用体系建设仍面临诸多挑战

在党中央、国务院的高度重视下，在有关部门的大力推动下，农村信用体系建设成效有目共睹，乡村振兴战略的实施又为农村信用体系建设带来难得历史机遇。但同时也应该看到，农村信用体系建设仍然存在诸多挑战，如在顶层制度设计、信用信息采集、激励约束机制、农村信用环境等方面仍然存在一些亟须解决的难点和堵点。

（一）顶层制度设计有待进一步加强

尽管党中央、国务院先后围绕农村信用体系建设出台了一系列政策与措施，为农村信用体系建设提供了根本遵循和政策指引，但各有关部门在具体落实有关政策要求及文件精神时，呈现出所制定的政策文件相对零碎，缺乏统一性、系统性与完整性，也未能有足够的法律支撑。

一是顶层制度设计需要更多的、可操作性强的配套制度落实落地。党中央、国务院和社会信用体系建设牵头部门及有关部门连续发布的涉及农村信用体系建设的重要文件侧重对农村信用体系建设在宏观层面的指导，对有关具体制度、微观运行机制等均有待进一步完善。农村信用体系建设尚未形成全国统一的标准化、规范化、制度化体系。如农户信用评分体系中评级机制和标准不统一，涉及农户隐私权、查询权、知情权、异议权、信息公示等配套制度不完善，涉农信用信息的采集、使用、共享、应用的合法合规性存疑，许多问题缺乏相应的配套标准与规范。

二是深入推进农村信用体系建设缺乏法律法规的有效支撑。法治是农村信用体系建设深入推进的价值基础。实践中，不少地方推进农村信用体系建设主要依据《中华人民共和国村民委员会组织法》（以下简称《村委会组织法》），通过将信用纳入村规民约加强农村信用体系建设，取得一定成效。整体上来看，目前还没有一部专门关于农村信用体系建设的法律法规，导致涉农信用信息的采集、使用、共享、应用等管理措施缺乏明确的法律依据，无法可依、无章可循制约了农村信用体系建设的纵深推进。由于农村信用体系建设是一项基础性、系统性、长期性的工作，专门性、综合性法律法规的空白，不足以适应乡村振兴战略下农村信用体系建设深入发展的需要。由于立法难度大，农村信用体系建设进入法治化轨道任重道远，现有制度逐步上升为法律法规仍有很长的路要走。

（二）信用信息采集有待进一步优化

涉农信用信息采集是农村信用体系建设的基础和关键。2021年中央一号文件明确提出，支持市县构建域内共享的涉农信用信息数据库，用3年时间基本建成比较完善的新型农业经营主体信用体系。此后，中国人民银行等六部门联合发布《中国人民银行　银保监会　证监会　财政部　农业农村部乡村振兴局关于金融支持巩固拓展脱贫攻坚成果全面推进乡村振兴的意见》（银发〔2021〕171号），提出支持市县构建域内共享的涉农信用信息数据库，用3年时间基本建成比较完善的新型农业经营主体信用体系，探索开展信用救助。

目前，涉农信用信息采集处于起步阶段，涉农信用信息平台或信息系统尚未全面完成搭建，信息化平台技术支撑较为薄弱，主要表现在以下几个方面。

一是信用信息采集不全面难以实现农户信用信息档案全覆盖。受资金、技术以及数据使用频率限制，部分农村地区农户、涉农企业的信用信息采集仍停留在以纸质记录为主的采集方式上，信息规范性、准确性无法保证，信息更新不及时，加之农村生产经营活动的鲜明季节性特征，难以全面、实时地采集涉农信用信息。由于信息采集缺乏可持续性，农户信用信息档案未能实现全覆盖，信息不全面导致不能全面、准确地掌握农户的信用状况，无法对涉农主体刻画完整"信用画像"，也就无法有效实现金融资源对信用良好农户的精准帮扶，无法让金融机构更加放心地基于涉农信用信息平台或信息系统作出业务判断，农村信用体系建设的效果就不尽如人意。

二是全国涉农信用信息平台或信息系统搭建情况不均衡，东部和西部地区差异显著。东部地区信息化程度、农户信用档案电子化标准化程度普遍高于西部经济欠发达地区。东部经济发达的浙江省很早就搭建起"省—市—县"三级网状体系，能快速响应和配合推进针对农户等涉农信用主体的信用政策，强大的信用信息采集与信息更新能力可以确保东部经济发达地区能够及时反映农村信用政策的实施成效。而西部地区大多停留在建立完善信息化系统的初期阶段。尽管截至2021年第三季度末，全国已建成各类型省级征信平台10家、地市级平台40余家，但与我国7亿多农民群众总量比较，涉农信用信息系统的覆盖面仍旧是下一阶段难啃的"骨头"。

三是涉农信用信息互通共享不充分。当前，农村金融机构是涉农信用信息的主要采集和使用主体。但农村金融机构采集的涉农信用信息并未与有关部门充分共享，各机构之间的农户信用信息依然存未全面打通、共享难的情况。与此同时，中国人民银行现有的征信系统适用范围有限，授信与准入、信息查询、数据更新、异议处理等信息安全保障机制不健全。因此，金融机构、政府部门、农户之间无法搭建起信用信息有效整合的渠道。某些部门"不愿"或"不能"提供和共享信息，导致农村金融基础信用信息与公共信用信息仍处在割裂状态，"信息孤岛""信息壁垒"成为整合信用信息的瓶颈，各类涉农信用信息无法实现充分地交换共享。

（三）激励约束机制有待进一步完善

激励约束机制即守信激励与失信惩戒机制，一直以来是农村信用体系建设的核心运行机制。现阶段来看，这一机制仍有很大发展空间。

一是守信激励作用不明显，激励举措成效较弱。现有的主要激励举措聚焦于解决农户、村民信用融资问题，以信贷投放政策优惠为主，重点解决农户、村民经济等方面的需求，而在引导农户、村民主动提高诚信意识方面的正向守信激励效果一般，农户、村民对信用好能带来甜头的体验感不强，信用给农户、村民带来的幸福感、获得感远不及预期。

二是守信激励与失信惩戒机制缺乏统一的认定标准和评分规则，尚未形成一套科学合理的、符合农村信用体系建设实际需要的信用奖惩机制。守信受益、失信惩戒的信用机制尚未完全建立起来，对失信行为的认定程序、认定主体、失信惩戒措施、适用范畴以及失信后如何挽回、修复信用均没有明确的政策和规范依据。激励惩戒相容机制的标准化、规范化以及依法合规开展失信惩戒都有待进一步提高。村委会、村小组、村民理事会、本村乡贤在守信激励与失信惩戒机制方面监督作用力度不足。

三是资金激励导向过多，政府政策激励导向不足，未充分发挥各级政府对农村信用体系建设的牵引作用。如各项支农补助、补贴资金的发放与农村信用评定结果相挂钩不够，政策技术可适度向"信用村""信用户"倾斜不足等。

（四）农村信用环境有待进一步改善

诚信文化是提升农村信用环境、实现农村经济社会良性发展的重要保证。现阶段农村整体信用环境有待进一步加强，主要表现在以下几个方面。

一是农户、村民的信用观念淡薄，诚信意识不强，对农村信用体系建设不知悉，或停留在初浅认识上，信用理念、诚信价值观深入民心不够。根植于农村传统社会是强有力的宗族血缘关系及根深蒂固的亲属关联，依靠的是邻里间熟人社会评价，遵从的是伦理道德和自治来维系乡村和谐与社会稳定。随着农村信用体系建设的深入推进，信用规制、信用约束理应成为乡风文明建设的主要约束力和内生动力。然而，目前广大农户、村民对自身信用作用的意识还不到位，内化于心、外化于行的自觉行动力不够，坚持诚实守信的动力不强，营造"守信光荣、失信可耻"的社会氛围依然任重道远。

二是宣传力度、宣传方式和宣传内容亟待进一步加强。现有的农村诚信宣传侧重于农户金融信贷方面的宣传，没有完全跳出征信服务为切入点的传统思路框架，仍然停留在由中国人民银行主导的金融支农服务方面，尚未以社会信用体系建设的整体思路来看待农村信用体系建设，对诚信文化建设、农村信用与村民共识、道德规则、村规民约的融合与发展等宣传力度相对薄弱，新媒体渠道开展诚信文化宣传不到位，全面践行诚信社会主义核心价值观有待进一步提升。

三是农村信用文化与乡村治理有效融合不足。乡村振兴要求治理有效，应当充分发挥"乡村自治"的治理优势，将基层乡村治理、金融业务、农户信息征集、村"两委"、金融机构进行全面、深层次融合，现阶段信用文化与基层乡村治理协调配合作用不充分。乡风文明建设与农村诚信氛围密不可分，目前农村信用文化与乡村治理有效结合方面仍有提升空间，乡风文明创建以诚信文化引领乡村治理仍然有不少的路要走。

第四节　小　结

本章重点围绕乡村振兴战略下农村信用体系建设面临的机遇与挑战展开，详述了"产业兴旺、生态宜居、乡风文明、治理有效、生活富裕"这一乡村振兴战略的总要求，对农村信用体系建设提出的五个方面新要求。

从乡村振兴迈入有法可依和全面振兴新阶段、社会信用体系建设迈入高质量发展新阶段、金融服务乡村振兴迈入"精耕细作"阶段、数字乡村建设迈入依法依规推进新阶段四个维度，阐述了农村信用体系建设迎来难得历史发展机遇。同时指出，尽管乡村振兴战略的实施为农村信用体系建设带来难得历史机遇，但同时也应该看到，农村信用体系建设在顶层制度设计、信用信息采集、激励约束机制、农村信用环境等方面仍然存在一些亟须解决的难点和堵点。

第五章　国外农村信用体系建设经验借鉴

"他山之石可以攻玉。"不同国家农村经济社会发展水平与发展阶段不同，其农村信用体系建设也各具特色。国外农村信用体系建设的经验对推进我国农村信用体系建设具有一定的参考价值，美国、德国、法国、日本、韩国等发达国家，以及印度、孟加拉国等发展中国家走过的农村信用建设之路，形成的一系列可借鉴的经验，为我国农村信用体系建设带来诸多启示。

第一节　国外农村信用体系建设经验

在农村信用体系建设过程中，美国、德国、法国、日本、韩国等发达国家，以及印度、孟加拉国等发展中国家在农村信用体系建设模式、农村合作金融体系、涉农信用法律法规和农村信用环境建设等方面积累了大量经验。

（一）美国

一是美国农村信用体系建设是市场主导模式，具有高度市场化特征。农村信用管理机制较为完善，并以风险控制和营利作为两大目标，实行完全市场化运作。征信公司根据市场需求开发和建设个人信用信息数据库，通过流动发展、异地代理和行业联盟等形式来进一步实现数据库合并，进而实现数据库容量的扩容扩充①。市场化信贷机构是农村信用体系建设的主力军。经过 1987 年国会清理整顿，美国农场信贷协会（Agricultural Credit Association，

---

① 邢贵亮，宁海明．国际农村信用体系建设经验对我国的启示 [J]．黑龙江金融，2015（11）：60．

ACA）逐步成为主要力量①。美国农场信贷协会经历了从1984年的800多家缩减到2002年的104家的过程，截至2010年，进一步缩减为20家。农场信贷协会的合并引发了农场信贷银行的合并，截至1995年农场信贷银行合并至仅剩7家，截至2010年缩减为5家，后来甚至缩减为1家到2家②。

二是拥有一套高度发达成熟完备的复合型农村金融体系。美国农村信用体系建设始于1919年美国农村金融组织体系改革，立足于多元化复合模式的农业信贷体系，是一种自上而下的松散联合体。经过市场经济和金融体系长期建设发展，这一复合型多元化农村金融服务体系实现了各类农村金融机构的优势互补，逐步形成了由合作性农村金融体系、商业性农村金融体系、政策性农村金融体系三大部分组成的三足鼎立格局，与之对应的合作性农村金融组织、商业性农村金融组织、政策性农村金融组织日渐明朗、层次分明。在三足鼎立格局里，商业性农村金融组织是基础，主要以私营信贷机构等农村商业金融机构为主；合作性农村金融组织是主体，在长期贷款中具有明显优势，专门向具有一定偿付能力的农村金融需求者提供借贷资本；政策性农村金融组织是补充，主要由美国联邦政府主导创办，为农业农村提供政策性融资，对农村金融市场调节起到很好的补充作用。早期美国没有专门的农村金融机构，农业信贷资金多由商业机构和私人贷款提供③。

三是涉农信用法律法规体系健全。20世纪初，为了应对农业极度萧条的状况，美国国会先后颁布了与农业有关的各种金融法案。最早颁布的金融法案包括《联邦农业贷款法》（1916年）、《美国农业信贷法》（1923年）、《美国农业市场法》（1929年）等。1930年之后，美国国会又颁布了一系列促进地方信用社资金发展的地方信用法规，如1934年颁布实施《联邦信用社法》，1938年颁布实施《美国联邦农作物保险法》。20世纪60年代至80年代，美国先后出台了以《公平信用报告法》为核心的功能各异、综合配套的专项信用法律，现今

---

① 李武. 重塑"走偏"的美国农场信用体系 [J]. 银行家，2003（6）：124-135.
② 李武. 重塑"走偏"的美国农场信用体系 [J]. 银行家，2003（6）：125.
③ 华东. 美国、日本、法国农村金融体系的构成与启示 [J]. 湖北农业科学，2014（3）：1465.

生效的信用相关法律近 20 部①。农村信用领域制定的专项立法与综合性立法的配套实施，在规范美国信用体系建设的同时，为美国农村信用体系建设提供了强有力的法治保障，确保了各类涉农经营主体和金融机构都有专门法律法规来约束，保证了美国农村金融信贷业务有法可依、有章可循。

四是具有良好的农村信用建设政策环境。在机构设置上，美国涉农监管部门分工明确、权责清晰。美国联邦政府主导的农民家计局、商品信贷公司、农村电气化管理局、小企业管理局各司其职，专门负责美国农村金融政策的落实落地，为农村、农户、农场主提供信贷，营造出良好的农村信用建设政策环境。在职责分工上，农民家计局不以营利为目的，专门负责农业信贷业务，为那些得不到商业银行和其他农业信贷机构支持的农户提供信贷业务，同时也提供担保和利差补贴；商品信贷公司对农产品的生产与销售进行宏观调控；农村电气化管理局主要负责发放贷款用于组建农村电网、发展通信设备；小企业管理局主要解决小农场经济状况不好、小企业融资难等问题。当小农场经济状况不好贷款额度小时，由农民家计局提供贷款支持；当小农场经济贷款超过一定额度时，则由小企业管理局提供贷款②。此外，美国农场以及农场企业、农场主都具有较强的信用意识，为加快形成农村信用环境建设提供了良好氛围。

（二）德国

一是德国农村信用体系建设是以德国高度发达的信用经济体制为基础，具有以政府主导向市场化转向的趋势。德国社会信用体系建设经历了由央行主导模式到市场主导的循序渐进过程③。现阶段，德国社会信用体系建设是混合模式，既有涵盖了以中央银行建立的"信贷登记中心"为主体的公共模式④，又有以私营征信机构为主体如德国通用信用保险保护协会（SCHUFA）

---

① 商务部. 研究美国信用体系发展历程　推动湖南社会信用体系建设 [EB/OL]. (2021 - 04 - 20) [2022 - 11 - 10]. http：//credit. shaanxi. gov. cn/393/96435. html.

② 阎亚军. 我国新型农村信用体系构建研究 [D/OL]. 青岛：中国海洋大学, 2013 [2022 - 11 - 10]. https：//kns. cnki. net/KCMS/detail/detail. aspx? dbname = CDFD1214&filename = 1013348193. nh.

③ 冯春晓. 关于德国社会信用体系建设模式的若干思考 [J]. 北方经济, 2014（8）：79 - 80.

④ 香港瑞丰会计师事务所. 德国的信用管理立法及社会信用体系 [EB/OL]. [2022 - 11 - 10]. http：//www. rf. hk/company/germany/14542. html.

的市场模式以及以行业协会为主体的会员制模式，公共、市场和会员这三种模式形成了互补关系，共同打造了德国混合发展模式。依托强大的德国社会信用体系建设，政府在德国农村信用体系建设中发挥着重要作用，并逐步由政府主导走向市场化管理。如德国农村地产抵押银行作为德国农村信用体系建设中的农业政策性金融机构，为农村以及食品行业提供信贷需求，以特别优惠的利率向农村经济的各个领域提供信贷服务，然而随着德国农村信用体系建设的不断发展，其性质由纯国有财政资金与特别基金支撑的运营模式逐步转为完全货币化市场和资本市场融资模式①。

二是拥有一套完善的二元农村金融体系。德国很早就建立了农村信用合作机制。早在19世纪中叶，德国就建立了世界上第一个农村合作金融组织，成为欧洲农业信用合作的发源地。德国农村金融体系由合作性金融组织和政策性金融组织两部分组成。在农村合作性金融组织方面，分为三个层次：第一层次是基层合作银行，直接向农村各类企业以及农业生产者开展信用合作业务；第二层次是三家地区性合作银行，即DZB银行、SGZ银行、WSZ银行；第三层次是德意志中央合作银行，它是全国合作金融组织的中央协调机关。该体系成熟、完善，层次分明、组织严密，采用科学的管理制度和健全的资金融通清算系统②。德国农村合作性金融组织的运作模式是自下而上逐级入股与自上而下提供服务的合作银行体系，各级合作银行之间没有隶属关系但有上下级服务关系。在二元农村金融体系格局中，合作性金融组织占主导，政策性金融组织是补充。政策性金融组织则以政府主导，不以营利为目的，负责贯彻农业政策、辅助政府扶持农业发展。

三是农村信用领域立法起步早，体系完备。1889年5月1日颁布的《德国产业及经济合作社法》是一部明确了合作制原则以及共同业务经营促进社员收益的专门立法，有效地促进了德国农村合作社的发展。该法经2006年修订（修订后更名为《德国合作社法》）为推动德国农业发展提供了法律保障。1975年，德国又通过了《德国中央合作银行法》，明确了中央合作银行的职

---

① 阎亚军. 我国新型农村信用体系构建研究 [D/OL]. 青岛：中国海洋大学，2013 [2022 - 11 - 10]. https：//kns. cnki. net/KCMS/detail/detail. aspx？dbname = CDFD1214&filename = 1013348193. nh.

② 阎亚军. 我国新型农村信用体系构建研究 [D/OL]. 青岛：中国海洋大学，2013 [2022 - 11 - 10]. https：//kns. cnki. net/KCMS/detail/detail. aspx？dbname = CDFD1214&filename = 1013348193. nh.

权，确立了合作银行的设立与组建要求。此后，《德国合作社法》《德国中央合作银行法》《德国信贷法》（Kreditwesengesetz，KWG）以及《联邦数据保护法》共同构建了德国农村合作金融法律法规体系，为德国农村信用体系建设提供了法律依据，成为支撑德国农村信用体系建设的法治基础。

（三）法国

一是法国农村信用体系建设具有鲜明的政府主导色彩。法国政府高度重视农业发展，开展农村金融业务的银行大多数是政府所有或者政府控制，自上而下逐级建立，受政府干预大、独立性较差，具有很强的支农政策性特征。1920 年，法国政府成立了国家农业信贷管理局，统一管理全国各省的农业信贷互助银行。1926 年，政府又将国家农业信贷管理局改建为国家农业信贷银行，并以合作性质的地区、地方农业信贷银行作为其分支机构，形成了全国性的农业信贷体系延续至今。法国农业信贷银行体系是法国最大的农村金融机构，该体系由地方农业信贷互助地方银行、地区（省）农业信贷互助银行和中央农业信贷银行（法国国家农业信贷银行总行）三级组成①。其中，中央农业信贷银行是法国农业信贷互助银行的法人总代表，受法国农业部和财政部的双重领导；地区（省）农业信贷互助银行是省级农业信贷互助银行的法人代表，由若干地方农业信贷互助银行组成，是地方农业信贷互助银行的领导机构，在总行领导下，在人、财、物等方面有较大的自主权；地方农业信贷互助银行是基层组织，由个人成员和集体成员入股组成，下设服务网络营业所。农业信贷互助银行的运作与国家政策紧密结合，法国农业信贷互助银行必须按照政府政策确定贷款对象，凡属国家政策和国家发展规划项目都给予优先支持和贴息。

二是形成了一套细密完整、主从有致的信用合作体系。法国农村信用合作几经起伏兴衰、更迭变化，形成了以农村和广大农户为对象的农业互助信贷组织系统和以城市手工业、其他小生产者、渔民为对象的包括互助信贷组织、合作信贷组织、大众银行和渔业互助信贷组织在内的二元系统。20 世纪

---

① 余新平等. 中国农村金融发展与农民收入增长 ［J］. 中国农村经济，2010（6）：77－86，96.

20 年代以来，法国逐步形成多个合作性金融机构同时并存局面，最具代表性的合作金融机构分别是法国农业信贷银行集团（Crédit Agricole Group）、互助信贷（Crédit Mutuel）和大众银行集团（Banques Populaires Group）[①]。目前，法国基本形成由法国农业信贷互助银行、互助信贷联合银行、大众银行和法国土地信贷银行四家银行构成的农村金融信用合作体系，打破了原有的二元格局，逐步走向多元化发展。

三是《土地银行法》等专项立法为法国农村信用体系建设保驾护航。1852 年法国颁布了《土地银行法》，为成立法国土地信贷银行奠定基础。据此，各地相继设立土地银行，随后所有地方土地银行又合并成立法国土地信贷银行。同时，各地纷纷组建了农业信贷合作社，并逐步演变为地区、地方农业互助信贷银行。《土地银行法》确保法国农业信贷互助的所有业务有法可依。

四是具备良好的农村信用体系建设政策环境。法国政府为开展农村信用体系建设创造了良好条件，多渠道、多层次、多方位在资金、利率和税收方面提供极大便利，充分发挥农村信用贷款促进农业经济发展的作用。一方面，允许法国农业信贷互助银行与其他商业银行一样在乡村和城市吸收各种存款，并为其发行债券提供担保。另一方面，对农业信贷互助银行实行利率补贴，享受减免税收待遇。法国政府补贴利率机制在法国农村信用体系建设与农业现代化过程中发挥了重要作用，其中，地区（省）农业信贷互助银行是法国唯一享受政府贴息的银行。

（四）日本

一是日本农村信用体系建设以会员制为主导，层次分明，具有强烈的会员制色彩。日本政府在农村信用体系创立初期扮演了重要角色，一直以来秉持"立足于社区发展为会员服务"的理念，农村金融机构以立足基层、方便农户、便于管理为宗旨[②]。日本农业协同组合（以下简称农协）

---

① 文娟. 法国农村合作金融的发展及其对中国的借鉴意义 [D/OL]. 广州：暨南大学，2010 [2022 - 11 - 10]. https：//kns. cnki. net/KCMS/detail/detail. aspx? dbname = CMFD2010&filename = 2010124196. nh.

② 王树礼，丛柳. 美、日、德农村信用体系的建设启示 [N]. 金融时报，2018 - 11 - 01.

是整个农村信用体系建设工作的基础元素，《日本农业协同组合法》明确了农协的法律地位、组织目的、经营范围、管理体制、组织类型、合作金融及其风险监管、保障机制。作为最基层的组织，农协直接吸纳农户、其他居民及团体入股，与农户直接产生信贷关系，农协系统的内部成员可以优先申请贷款。

二是日本农村合作性金融体系成熟完善。日本农村金融体系形成了以农协系统的合作性金融为主体、以政策性金融为补充、以民间农业金融组织的商业性金融积极介入的格局。其中，合作性金融体系是日本农村信用体系建设的核心。合作性金融体系自上而下分为最高层的中央政府所管理的农林金库和全国信联协会，中间层的信用农业协同联合会（都、道、府、县的信用联合会，以下简称"信农联"），以及最低层级的基层农协三级组织①。三级组织之间不存在领导与被领导的关系，没有上、下级行政隶属关系，上级组织要对下级组织提供一定的金融服务，三级组织之间各自独立经营、自我核算、自负盈亏。日本农村合作性金融体系组织又称为"三三模式"，包括农业、渔业、林业三个业别和与之对应的信农联、信渔联、信林联三个层次。

三是建立有法治保障的农业信用保证保险制度和政策性信用担保体系。日本是世界上最早建立农业信用保证保险制度的国家。根据日本《农林渔金融公库法》，日本实行政策性保障农业保险制度，成熟完善的农业信用保险制度对日本农村信用体系建设发挥了重要作用。中小企业金融公库是日本政策性信用担保体系的主心骨，贷款对象是资本金 1 亿日元以下、从业人员300 人以内的中小企业，并对各种组合和联合会发放贷款，贷款限额为 2.5亿日元，为全国 52 家信用担保协会的运作提供支撑，为农村中小企业提供担保②。日本政府提供保险补贴，农户每年保险费大约有一半以上由政府承担③。

---

① 华东. 美国、日本、法国农村金融体系的构成与启示 [J]. 湖北农业科学, 2014, 53 (6): 1466.

② 魏坤，冯泽敏. 日韩农村信用担保体系借鉴 [N]. 金融时报, 2020 (3).

③ 华东. 美国、日本、法国农村金融体系的构成与启示 [J]. 湖北农业科学, 2014, 53 (6): 1463 – 1469.

四是形成一套确保农协系统稳定运行的信用补全制度和监管制度，二者形成了双保险的制度架构。所谓"补全"是指保险、担保和保证。信用补全制度包括政府参与下的补全制度和金融机构内部实施的补全制度，农水产业合作金融存款保险机构、农林渔业信用基金等是政府参与下的补全制度；日本银行防止破产系统、全国农协保证中心等是金融机构内部实施的补全制度。监管制度分为行政方面监管和内部管理制度。成员以存款的方式把资金存入农协系统，农水产业协同组织储蓄保险机构对其存款进行保险，在此期间农协系统受行政厅的检查和日本银行中央本部全国检查机关的监管。之后，农协系统又把资金贷给需要资金的成员。在此过程中，农林渔信用基金以及全国农协保证中心对贷出资金进行保证[①]。

五是具备体系完整的农村金融服务法律体系。涉农法律法规主要包括《农业协同组合法》《农林中央金库法》《农林中央金库与信用农业协同组合联合会合并法》《农林渔业金融公库法》《农村信用基金法》《农业共济金法》《农业灾害补偿法》等。其中，《农业协同组合法》《农林中央金库法》《农林中央金库与信用农业协同组合联合会合并法》是规范日本农协系统、促进农村合作金融良性发展的重要法律制度。上述法律法规确保农村金融交易主体、信贷工具、信用担保、金融市场、风险防范、金融监管、资金运行、农村信贷等各方面都有法可依。

（五）韩国

一是韩国农村信用体系建设采用政府主导模式。韩国建立了一套自上而下的保证基金体系，信贷担保机制有效确保了信用贷款风险可控。在韩国，信贷担保基金是提供融资的政策性非银行金融机构，是政府信用保证基金组织，是整个韩国保证基金制度的核心，主要为那些没有足够抵押物的主体提供信用担保，政府和银行机构的背书确保了保证基金对信用贷款的风险可控性。

二是健全的信用担保法律体系为韩国农村信用体系建设提供法治保障。

---

① 王树礼，丛柳. 美、日、德三国农村信用体系的建设启示［N］. 金融时报，2018 - 11 - 01 (12).

1961 年，韩国颁布了《信用保证储备基金体系法》，标志着信用担保体系逐步走向法治化、规范化。20 世纪 70 年代，韩国信用担保体系起步并发展迅速。1976 年，韩国制定了《信用担保基金法案》，政府依据该法案成立了信用保证基金。此后，又制定了《科技型企业的金融支持法案》（1989 年制定，2002 年修订为《韩国科技信用担保法案》）《地域信用保证基金法案》（1999 年），并于 2000 年成立了韩国信用担保协会联合会。自此，韩国信用担保法律体系正式确立。《信用担保基金法案》确保了韩国各级信用担保机构依法开展一系列信贷担保业务，银行强制向信用保证机构出资有了法律依据，有效解决了农村、农户贷款难、融资难等问题。

（六）印度

一是印度农村信用体系建设以政府主导为特征。政府发起组建农村合作金融机构，最典型的是地区农村银行，由政府和商业银行联办。其中，中央政府认缴 50%、邦政府认缴 35%、主办银行认缴 15%。政策性银行的政府强干预特征十分明显，政府直接干预运营、推动商业银行国有化、利用政策强制商业银行在农村设置分支机构、实施"领头银行"计划及利率管制等①。强有力的干预色彩主导了农村合作金融机构的运行。

二是形成了三元农村金融体系格局。印度农村金融体系由政策性农村金融组织、合作性农村金融组织、商业性农村金融组织构成，形成以合作性农村金融为主导，政策性、商业性金融组织为支撑和补充的格局。政策性农村金融组织包括国家农业和农村开发银行、地区农村银行、农业中间信贷和开发公司。合作性农村金融组织在印度农村信用体系建设中占重要位置，至今 90% 的农村地区建有信用合作社②，一半以上的农业人口目前已经入社，形成了初级农业信用社、中心合作银行、邦合作银行和土地开发银行。同时，商业性农村金融机构也为印度农民提供贷款。

三是农村信贷合作法律较为完善。印度于 1904 年通过了《合作社法案》，并于 1955 年实施"农村信贷一体化"规划，要求各邦政府都要直接参

---

① 郑享清，黄劲. 印度农村金融体系建设中的政府干预 [J]. 世界农业，2011（1）：38 - 42.
② 阎亚军. 我国新型农村信用体系构建研究 [D/OL]. 青岛：中国海洋大学，2013 [2022 - 11 - 10]. https：//kns. cnki. net/KCMS/detail/detail. aspx？ dbname = CDFD1214&filename = 1013348193. nh.

与农村信贷合作运动，认缴全部邦和地区级合作银行和部分规模大的基层信用合作社的股金，建立起较为完善的农村信贷合作机制。

四是构建了较为完善的涉农存款保险和信贷保险制度。为了解决农村信贷高风险难题，印度较早建立了存款保险和信贷保险公司，为那些提供了农村贷款的正规金融机构提供保险，稀释了农村信用风险。成熟完善的农村保险制度为印度农村信用体系建设提供了保障。

（七）孟加拉国

孟加拉国农村信用体系建设基于强有力的政府干预，以政府主导著称，通过组建乡村银行的方式解决农村信用贷款问题。1983年，孟加拉国政府及中央银行共同出资注册了孟加拉乡村银行——"格莱珉银行"，向最贫困的农民提供小额贷款，建立了一套农村小额信贷体系。格莱珉银行模式实现了对贫困农民的精准支持，奠定了农村信用体系建设的根基。"乡村银行 + 小额信贷"模式构建了一套缜密的风险控制机制，提供无需担保抵押并且操作简单的偿付机制，让农户易于获得贷款支持，从而解决农户融资难融资贵等问题。

第二节　国外农村信用体系建设对我国的启示

国外农村信用体系建设的经验对我国推进农村信用体系建设带来诸多启示，应当从加快建立农村信用法律法规体系、强化政府对农村信用工作的指导、充分发挥金融信用合作的作用、强化农村信用信息基础和应用、建立健全农业信贷保险制度和积极营造农村诚信良好氛围六个方面夯实。

（一）加快建立农村信用法律法规体系

建立健全农村信用法律法规体系是确保农村信用体系建设管理制度得以长效实施的重要保障。农村信用法律法规体系的完善程度对深入推进农村信用体系建设至关重要。美国、德国、法国、日本、韩国和印度在农村信用体系建设初期就高度重视法律法规的构建，制定了农村信用、农业信贷方面的法律法规，均在不同程度对农村各类经营主体的权益保护做了明确规定，制定出一系列综合性较强的信用法律法规或信贷、保证制度相关规范，尽可能地将农村信用体系建设纳入法治化轨道，确保依法推进农村信用体系建设。如美国有《公平信用报告法》《美国农业信贷法》，德国有《德国合作社法》《德国中央合作银行法》《联邦数据保护法》，法国有《土地银行法》等专门性信用法律。日本、韩国等制定了信用保证、信贷担保等法律法规，如日本的《农林渔金融公库法》《信用保证协会法》《信用保证协会法施行规则》《中小企业信用保证金公库法》，韩国的《信用担保基金法案》。上述专项立法或综合性涉农信用法律法规有力地推动了上述国家农村信用体系建设。无论是综合性立法还是专项立法，对规范农村信用体系建设、涉农信用信息的采集与共享、保障农户权益意义重大。

反观中国，在我国现有法律法规体系框架下，涉及信用、农村信用体系建设的法律法规，除了《民法典》《村委会组织法》《乡村振兴促进法》《个人信息保护法》《征信业管理条例》等法律法规之外，仅有国家发展和改革委员会、中国人民银行、银保监会、农业农村部等有关部门发布的顶层制度政策文件或规范性文件，尚未有一部农村信用体系建设的基础性法律法规。尽管银保监会（原中国银行业监督管理委员会）早期发布了《农村资金互助社管理暂行规定》（银监发〔2007〕7 号），但因其效力层级较低、适用范围有限、内容相对滞后，部分内容早已不适应现阶段深入开展农村信用体系建设的发展需要，更无法解决农村信用体系建设的深层次问题，特别是对涉农信贷的规范和监督管理规定不明朗、不充分等问题日益凸显。

为此，本节提出以下建议。

一是结合我国农村信用体系建设发展需要以及农业大国国情，加快构建一套适应农村信用体系建设的法律法规体系，制定适用于当前乃至今后农村信用体系建设需要的基础性法律，推动农村信用体系建设专项立法、科学立法；或将现阶段行之有效、可操作性强、实践成果好的经验做法固定下来，以规范、制度的形式按程序上升为法律、法规、规章，提高立法层级和立法效力，发挥法治保障的基础作用。

二是在尚未有一部专项立法出台之前，考虑以中共中央办公厅、国务院办公厅名义发布顶层制度性质的指导意见，如《农村信用体系建设实施意见》或农村信用体系建设专项规划，或在制定国家层面社会信用法过程中，明确农村信用体系建设的法律地位和功能作用，明确农村信用体系建设相关条款。同时，鼓励地方立法先行先试，结合地方经验制定农村信用体系建设地方性法规或地方政府规章。

三是在其他法律、法规新立或修订之际，增加农村信用体系建设等规范要求，将分散在现有法律法规的涉农信用规范进行不断整合，以体系化、整体性为目标导向，加快农村信用体系建设立法步伐，不断完善农村信用法律法规体系。

(二) 强化政府对农村信用工作的指导

无论是美国、德国、法国、日本、韩国等发达国家，还是印度、孟加拉国等发展中国家，政府在推动农村信用体系建设过程中均扮演了重要角色。成熟的农村信用体系建设离不开政府的大力指导和支持，特别是政府在政策支持、资本注入、优惠税收、融资等方面给予的支持。如美国设立专门的农业监管部门、日本政府对信用补全与监管双保险机制的重视、德国政府依法规范二元农村金融组织发展、法国强大的农村信用合作机制、印度强干预政策性金融机构以及孟加拉国"乡村银行＋小额信贷"模式均是政府作为的具体体现。无论市场化程度高低与否，国外农村信用体系建设无一例外均是在政府或政府设立的有关部门的大力扶持下逐步建立。

为此，本节提出以下建议。

一是充分发挥政府在农村信用体系建设过程中的主导作用，加强国家有关部门在农村信用体系建设的政策、资金等支持力度。鼓励地方政府及有关部门加大对国家政策落实的力度，建立健全农村信贷可持续供给机制，探索和制定符合本区域内农村信用体系建设制度。

二是明确各有关部门的职责分工和权责分配。建立农村信用体系建设议事协调机构或专门机构，必要时，可进一步明确农村信用体系建设的牵头部门或主管部门及其职责，有效解决"多龙治水""多头监管"局面，也可设置农村信用体系建设部际联席会议，凝聚各有关部门共识形成监管合力。

三是组建专门政策机构，统筹推进农村信用体系建设。可在农业农村部、国家乡村振兴局下设信用建设与监督管理司，专门负责全国农村信用体系建设的统筹推进工作。

四是参考国外政府主导型模式或政府与民间互助合作性金融机构的混合

模式，有关部门可适当引入金融机构，多渠道、多样化为农村信用体系建设提供金融服务支撑，鼓励行业协会、商会共同参与推动农村信用体系建设。

（三）充分发挥金融信用合作的作用

农村金融是现代农业经济的核心，完善的农村金融制度是发展农村经济的重要抓手，健全的农村信用体系是农村合作金融体系良好运营的基础。拥有完善的合作性金融体系是国外农村信用体系建设取得成效的最大优势，如美国、德国、法国、日本的农村合作金融体系都占据重要位置，以合作性金融体系支农，辅之以政策性金融体系，实现了最大限度的优势互补。合作性农村金融机构特别是合作农业信贷系统实现了国际农业信用合作的创新。国外多数政府通过提供创办资本，依法自上而下建立农业信贷系统，实现有政府保证下的规范有序运营。

为此，本节建议从以下几个方面改善问题。

一是充分发挥金融信用合作的作用。合作的本质是最大限度地把农民、农户积极组织、调动起来，迅速扩大农业信贷资金供给规模。农村在吸引资金方面天然较弱，合作能够将农户、政府、金融机构三者之间的优势进行整合，便于快速凝聚各方之力，形成合力。信用合作是农村信用体系建设与农民合作社内部合作试点的切入口，是规范和深入开展"信用户""信用村""信用乡（镇）"工作的重要保证，是全面推进农村信用体系建设重要步骤，合作机制能够发挥合作力量，调动各方主体积极性。

二是深度挖掘合作金融实现信用价值的巨大潜力。针对农民不同层次的金融需求，推动农村金融的分层供给和农村金融机构的分层建设，挖掘农村合作金融的潜力，建立起新型农业经营主体信用建档评级工作，满足农户用信需求。大力发展农业保险、担保、基金期货等其他农村金融机构，形成优势互补、一体推进的农村合作金融信用服务体系[①]。培育多元化农村信贷体系，借助金融机构的力量助力农村信用体系建设。

三是加大金融机构对农村信用体系建设的支撑力度。依托全国信用信息共享平台以及地方各级信用信息平台归集涉农信用信息；同时，依托全国中

---

① 王树礼，丛柳. 美、日、德三国农村信用体系的建设启示 [N]. 金融时报，2018–11–01 (12).

小企业融资综合信用服务平台与地方各级融资信用服务平台，加强涉农信用信息与公共信用信息的整合共享，加快推进农村"信易贷"工作，提高对各类涉农信用主体信贷便利度。有关部门会同金融机构开展信易贷服务"三农"领域和产业链供应链领域的试点工作。

（四）强化农村信用信息基础和应用

信用信息的价值在于应用。应用能让信用信息变"活"，加快信用信息流通、交换、共享，使信用信息产生更多的价值。2019年5月，中共中央办公厅、国务院办公厅印发的《数字乡村发展战略纲要》以及2022年4月中央网信办、农业农村部、国家发展和改革委员会、工业和信息化部、国家乡村振兴局联合印发的《2022年数字乡村发展工作要点》均对数字乡村提出具体要求。数字乡村是伴随网络化、信息化和数字化在农业农村经济社会发展中的应用，以及农民现代信息技能的提高而内生的农业农村现代化发展和转型进程，既是乡村振兴的战略方向，也是建设数字中国的重要内容①。在乡村振兴战略下农村信用体系建设应当强化信息化建设的基础与应用作用。

为此，本节提出以下建议。

一是以强化应用为导向，推动涉农信用信息系统建设及互联互通。建立涉农信用信息归集、采集与管理标准，充分应用大数据、云计算等新一代信息技术，有效整合涉农主体信用信息，加快建立覆盖面广的涉农信用信息数据库，在保护信用主体隐私的基础上，最大限度地实现信用信息共享。扩大农村征信体系建设，完善农户征信信息管理系统，不局限于农村信用社小额农户贷款，加强与其他信息的互联互通。更加科学、全面地统筹管理和评估信用信息，解决信息不对称和逐步消除"信息孤岛"等问题。

二是创新信用融资工具，加强涉农金融产品与服务的应用推广。引导农村金融机构大力发展以信用为基础的产业链贷款、小微企业联保贷款，提高信贷投放率和可获得率，发展农户信用贷款，满足多层次、多元化的各类农

---

① 新华社．中共中央办公厅　国务院办公厅印发《数字乡村发展战略纲要》[EB/OL]．(2019 – 05 – 16) [2022 – 11 – 10]．http：//www.gov.cn/zhengce/2019 – 05/16/content_5392269.htm.

村经济主体的金融需求，在依法合规的情况下充分利用信用信息技术提高涉农获客效率，为更多农户、村民提供融资便利。强化信息化、数字化在金融服务乡村振兴上的重要作用。

（五）建立健全农业信贷保险制度

借贷活动的基础是信用担保制度。国外完善的信用保险、担保基金机制，如日本农村信用保险制度、韩国基金保险担保制度、印度涉农存款保险和信贷保险制度，为农村信用体系建设上了一道"保险锁"。农业信贷保险制度成为了国外农村信用体系建设过程中的"规定动作"，减轻和缓释了农村信贷风险，对我国农村信用体系建设启示很大。

为此，本节提出以下建议。

一是加快完善政策性农村信用担保体系。发挥政府、金融机构、担保机构的合力，鼓励担保机构开展农村担保业务，推动建立"信用协会""信用联保"等信用风险分担组织，支持农村地区经济社会协调发展。建立由政府主导的农村发展担保基金和机构，利用政府出资、委托经营的市场化运营模式，为涉农经济主体提供融资担保，分担农村金融机构贷款风险。

二是引入信用评级、信用调查与咨询等信用中介机构或第三方信用服务机构，帮助涉农经济主体提高信用管理水平与防范信用风险的能力。充分发挥中国人民银行、银保监会、金融机构等单位的职能与作用，打造政府、市场、金融机构各方联动的信贷担保模式。建立健全信用担保中介服务制度，完善信用担保评估、管理与处置，完善面向农户的多元化担保体系。

（六）积极营造农村诚信良好氛围

乡风文明是农村信用体系建设的精神支柱。诚实守信的乡风文明建设是深入开展农村信用体系建设的重要保障。国外重视良好农村信用建设环境氛围的形成，对我国有一定启发。

为此，本节提出以下建议。

一是加大我国乡村诚信文化建设的宣传力度，打造良好的农村信用环境。多渠道、多方式为产业振兴、人才振兴等创造更为有利的农村信用环境建设，倡导广大农村群众办诚信事、说诚信话，不断推动乡村振兴战略的深入开展。

二是以人为本，转变农户和村民不重视、不积极、不自律的理念和心态，从农户和村民的实际需求出发，针对性采取措施，转变金融服务理念和方式，切实让农户和村民认识到信用的重要性、重视利用金融创造财富，将守信激励与失信惩戒与农户和村民的生产、生活紧密联系，调动农户和村民的积极性，努力营造"守信者无事不扰，失信者利剑高悬"的诚信社会氛围，营造守法诚信的乡风文明建设。

第三节　小　结

国外农村信用体系建设的探索经验为我国农村信用体系建设提供了诸多借鉴经验。

在农村信用体系建设模式上，美国是完全的市场主导模式；法国、韩国、印度和孟加拉国为政府主导模式；日本是会员制模式；德国是以高度发达的信用经济体制为基础，具有以政府主导向市场化转向的趋势，兼具混合属性。

在农村合作金融体系建构方面，美国建成了由合作金融体系、商业农村金融体系、政策金融体系三足鼎立的复合型农村金融体系；德国形成了合作性金融组织和政策性金融组织的二元农村金融组织格局；法国形成了由法国农业信贷互助银行、互助信贷联合银行、大众银行和法国土地信贷银行四家银行构成的农村金融体系，并由二元格局逐步向多元化发展；日本构建了以农协系统的合作性金融为主体、以政策性金融为补充、以民间农业金融组织的商业性金融积极介入的农村金融体系格局；韩国建成了自上而下的保证基金制度；印度形成了由政策性农村金融组织、合作性农村金融组织、商业性农村金融组织构成的三元农村金融体系格局；孟加拉国通过建立格莱珉银行推动农村信用体系建设。

在完善涉农信用法律法规方面，美国涉农信用法律法规体系健全，农村信贷立法、信用领域专项立法与综合性立法配套齐全，保证了美国农村金融信贷有法可依、有章可循；德国农村信用领域立法起步较早且较为完善；法国《土地银行法》为法国农村信用体系建设保驾护航；日本建立了有法治保障的农业信用保证保险制度和政策性信用担保体系；韩国有健全的信用担保法律体系为支撑；印度涉农政策法规体系较为完善。

　　在农村信用环境建设方面，各国都对农村信用体系建设予以最大限度的政策支持，均具备良好的信用建设政策环境，营造出了良好信用建设氛围。

　　借鉴国外有益经验，我国应当加快建立农村信用法律法规体系、强化政府对农村信用工作的指导、充分发挥金融信用合作的作用、强化农村信用信息基础和应用、建立健全农业信贷保险制度、积极营造农村诚信良好氛围。

第六章 我国农村信用体系
建设地方探索

本章从全国社会信用体系建设示范区、全国农村信用体系建设试验区和新型农业经营主体信用体系创新试点三大维度，选取部分有代表性的地区，就其推进农村信用体系建设的探索进行梳理和盘点，以期为其他地区提供一些借鉴和参考。

第一节 部分全国社会信用体系建设
示范区推进农村信用体系建设经验

全国社会信用体系建设示范区在国家社会信用体系建设过程中发挥着重要的示范和引领作用。截至 2022 年底，全国共分三批累计产生了 62 个社会信用体系建设示范区，这些示范区在推进农村信用体系建设方面形成了丰富经验，本节选取其中 9 个有代表性的示范区，就其农村信用体系建设相关经验进行梳理和盘点，希望其模式和样板能够为全国其他地区提供一些思路与启发。

（一）四川省成都市：探索"互联网＋农村金融"，打造金融服务乡村振兴"成都样板"

成都市积极探索"互联网＋农村金融"模式。一是较早探索农村信用体系建设。自 2015 年以来，成都市开展农村金融服务综合改革试点取得明显成效。2018 年深入实施以重点行业示范带动、打造信用信息产品的农村信用体系建设示范工程。探索"互联网＋农村金融"的农村信用体系模式，整合农村产权、农业政策、农村金融等各类资源，建立以农户、农业企业信用数据为基础的"农贷通"平台，实现农业政策咨询、产权流转服务、融资供需对接、金融风险分担、信用信息共享等多项功能。截至 2018 年初，平台累计采集入库 3023 户农业新型经营主体、种养大户信息，累计服务贷款用户 3000 多人，有效服务于农村精准扶贫和农业产业发展①。

二是不断完善信用信息融资服务平台。2017 年 7 月建立农村金融服务平台，这一"互联网 + 金融"平台不仅实现了农业经营主体与金融机构信息精准对接，更通过风险分担解决了金融机构农贷不敢放、不愿放的担忧，打通了农村金融服务"最后一公里"②。2019 年，成都市在争创全国金融服务乡村振兴试验区过程中，积极打造"农贷通"2.0 版，修订完善"农贷通"乡村振兴风险资金管理相关办法，推动农业信贷担保、再担保体系建设，推出"农贷通"风险补偿、财政奖补的线上办理功能，健全农村金融风险缓释补偿机制；推动已入驻机构做好平台深度运用，引导更多金融机构参与平台建设与应用，促进各类机构的互动合作、信息共享；探索运用大数据、区块链、云计算等技术，提升平台的资金汇集、产融对接、信用建设、上市辅导、保险推广、农村双创等功能；适应市场需求，协同金融机构开发定制化、特色化的涉农金融产品；继续深化农村信用体系建设，完善农村信用信息数据库，推动信用评定结果的广泛应用；进一步提高村站服务质量和效率，推动线上线下协同发展，解决数字普惠金融"最后一公里"难题；加快构建"互联网 +"农村金融生态圈，实现"农贷通"与农村电商、农村产权、农业科技创新服务平台融合发展和有效对接；积极做好"农贷通"平台升级为四川省农村金融服务共享平台的提升建设工作，建成立足成都、服务西部、辐射全国的综合金融服务平台③。与此同时，积极构建农村信用信息归集技术指标体系，联通涉农数据，加强数据沉淀，为政府、监管、金融机构提供政策决策、信用评定、信贷支撑等服务，有效改善农村金融环境，截至 2021 年底，"农贷通"入驻一级金融机构 76 家，发布金融产品 895 个，累计归集成都全

---

① 信用中国."城市诚信文化专栏".信用建设示范城市之四：四川成都篇 [EB/OL]．（2018 - 02 - 22）［2022 - 11 - 10］．https：//www.creditchina.gov.cn/chengxinwenhua/chengshichengxinwenhua/201802/t20180222_109072.html？X2I5yQF1hUH6 = 1658051359153.

② 王明峰.农贷通，农民愿贷更敢贷——成都打通农村金融服务"最后一公里"农贷通，农民愿贷更敢贷 [EB/OL]．（2019 - 12 - 11）［2022 - 11 - 10］．http：//cdagri.chengdu.gov.cn/nyxx/c109513/2019 - 12/11/content_e65233e386a843fda6dc4ccb81a64557.shtml.

③ 杨斌.成都积极争创全国金融服务乡村振兴试验区——"农贷通"提档升级 2.0 版 [EB/OL]．（2019 - 05 - 31）［2022 - 11 - 10］．http：//cdagri.chengdu.gov.cn/nyxx/c109513/2019 - 05/31/content_3c7395fc667940db97288316507d62ac.shtml.

市 4 万余个新型农业经营主体、8000 余户其他涉农主体和 41 万农户的信息，接受平台金融机构查询 141 万余次①。

三是努力打造金融服务乡村振兴"成都样板"。自 2019 年中国人民银行等五部门联合发布《中国人民银行　银保监会　证监会　财政部　农业农村部关于金融服务乡村振兴的指导意见》以来，成都市将农村信用体系建设工作重点聚焦在金融服务乡村振兴上。2022 年 3 月以来，成都市把巩固拓展金融支持脱贫攻坚成果放在突出位置，明确提出优化新型农业经营主体金融服务，开展信用贷款产品创新，探索投贷债结合方式创新，深入推进金融科技赋能乡村振兴示范工程，强化保险分散风险功能。深入推进农村信用体系建设，全面提升支付服务水平，继续开展金融知识宣传教育和消费者权益保护。特别是在创新农村金融产品和服务、完善农村金融服务体系、加强农村信用体系建设三个方面重点发力，提升金融服务乡村振兴工作质效，推动乡村振兴各项工作迈上新台阶②。

（二）广东省惠州市：探索"基层治理 + 信用"农村社会治理新模式

惠州市探索出"基层治理 + 信用"农村社会治理新模式。一是创新信用应用路径，推动应用场景多元化。将信用信息应用的触角延伸至基层，发挥信用在配置资源方面的基础性、杠杆性作用。惠州全市各县区均成立了综合征信中心，全市各乡镇结合实际，建立"信用村""信用户"，已实现"信用村"全覆盖。截至 2017 年底，综合征信中心依托农户信用信息管理系统共录入农户信息 282990 条；各乡镇依托农户信用信息管理系统建设"信用村"991 个；认定"信用户"244965 户，贷款户数 4632 户，贷款金额 8.35 亿元。龙门县龙田镇推出争创"诚信守法户"活动，在惠农助农、科技指导、入党入伍、致富项目、就业创业等方面给予"诚信守法户"资金、资源、资产的

①　成都市农业农村局. 成都市不断完善农村金融服务体系提升金融服务乡村振兴能力［EB/OL］.（2022 - 01 - 24）［2022 - 11 - 10］. https：//baijiahao. baidu. com/s？id = 1722809707887851771&wfr = spider&for = pc.

②　成都市农业农村局. 成都市金融支持乡村振兴暨现代农业园区金融综合服务创新示范区建设推进会在邛崃天府现代种业园区举行［EB/OL］.（2021 - 09 - 26）［2022 - 11 - 10］. http：//cdagri. chengdu. gov. cn/nyxx/c109515/2021 - 09/26/content_c1b5314835534c63921b2bb67de01452. shtml.

倾斜照顾，还为"诚信守法先进户"购买城乡居民医保或农村养老保险。此举极大激发了农村诚信守法积极性，对推动社会治安好转起到"四两拨千斤"的效果。这些各具特色的"信用村""信用户"不仅解决农户融资难问题，还为社会综合治理拓宽了新的路径，实现了社会信用体系建设在基层的落地生根①。

二是开展农村信用建设助力精准扶贫。惠州市高度重视金融精准扶贫工作，建设"信用村"是开展金融精准扶贫的一项基础性工作。截至 2017 年 5 月，惠州市惠东县、博罗县共建设"信用村"406 个，被评为"信用村"后，该村农户每年可申请贷款额度比之前多 2 万 ~ 10 万元。惠东农商行稔山支行将"信用村"按级评授分为 A 级、B 级、C 级以及三星级、五星级。其中五星级最高，一个农户每年可申请贷款额最高 10 万元，三星是 8 万元；A、B、C 级分别是 5 万、3 万和 2 万元。在惠东县稔山镇新村村，"信用村"的评定对农民增产增收起到了立竿见影的效果，种植养殖户可比评上信用村之前至少增收 30%。稔山竹园村在 2014 年还是相对贫困的"后进村"，被评为"信用村"后两年就已成功脱贫②。

（三）山东省潍坊市：创新农村信用体系建设机制，建成"信用评定 + 信用互助"农村合作金融模式

一是探索以"信用评定 + 信用互助"为主要模式的农村合作金融试点，以农民专业合作社为依托，建立合作社信用评价机制，制定农户信用评价标准，对农户信用情况建档立卡、专项评级，逐步建立起以合作社及农户为主体的征信数据库，积极实现农户信用评定全覆盖③。

二是开展信用互助业务，通过合作社提供担保、托管银行整体授信、分

---

① 信用中国."城市诚信文化专栏"，惠州：社会信用体系建设示范城市典型经验介绍之七［EB/OL］.（2018 - 02 - 05）［2022 - 11 - 10］. https：//www.creditchina.gov.cn/csxynew/xyjg/202112/t20211203_251648.html.

② 刘炜炜.农村信用建设助力精准扶贫［EB/OL］.（2017 - 06 - 19）［2022 - 11 - 10］. http：//nyncj.huizhou.gov.cn/zwzc/xczxxxgkzl/gzdt/content/post_4593736.html.

③ 潍坊文明网.凝聚"信用潍坊"的力量——潍坊市全面推进社会信用体系建设工作综述［EB/OL］.（2019 - 01 - 25）［2022 - 11 - 10］. http：//wf.wenming.cn/jjwf/201901/t20190125_5667859.shtml.

户发放贷款的业务模式，为农户提供低息贷款，有效地满足了农户生产经营中的资金需求。截至2017年底，全市共评定信用农户147万户，授信余额715亿元；有78家农民专业合作社完成信用互助业务资格认定，参与信用互助社员6749人，信用互助业务额累计达3122万元①。

（四）山东省荣成市：全面推行"信用建设＋志愿服务"，实施信用管理全覆盖

一是创新开展农村信用体系建设，建成荣成市社会信用管理系统，设立党政机关、社会法人、自然人、村居组织4个数据库，建立城建、教育、交通、国家公务人员、村居居民等12个子系统，由全市所有部门和镇街分级管理、共享共用，实施信用管理，打通信用建设"最后一公里"。根据荣成市2015年印发的《关于深化社会信用体系建设的实施方案》要求，荣成市将60万本地居民、19万外来人口、3.5万个体工商户、1.6万家企业、140个部门单位、1420个村居和社会组织全部纳入信用管理系统，形成每个主体的"信用档案"和"诚信名片"。在900多个村居组织、27万户村居民中建立信用档案实施信用管理，以村规民约为依据，对社会治安、环境整治、精神文明等方面的不良行为和优秀表现建立信用记录，并作为实施约束和激励的参考依据，促进群众规则意识和文明习惯的养成。开展"诚信示范户""诚信示范企业""诚信示范村居"等评选，以有关主体的信用状况作为重要指标来确定，激发了全社会参与信用建设的积极性②。

二是狠抓志愿服务制度化，完善信用管理机制。通过将"个人规范"放大至"共建共享共治"，荣成市将志愿服务纳入个人信用积分，由党委政府牵头成立志愿服务管理平台，发布活动项目，累计参与10小时就能加分，满200小时能够晋升到AA级，满300小时能够达到最高AAA级，真正将人人有份的"普惠式"待遇变成了信用积分的"差额式"发放。在"信用建设＋

---

① 信用中国．"城市诚信文化专栏"，潍坊：社会信用体系建设示范城市典型经验介绍之十［EB/OL］．（2018 – 02 – 08）［2022 – 11 – 10］．https://www.creditchina.gov.cn/csxynew/xyjg/202112/t20211203_251653.html.

② 信用中国．"城市诚信文化专栏"，荣成：社会信用体系建设示范城市典型经验介绍之十二［EB/OL］．（2018 – 02 – 12）［2022 – 11 – 10］．https://www.creditchina.gov.cn/csxynew/xyjg/202112/t20211203_251628.html.

志愿服务"引领下,志愿服务队伍从最初的不足 5000 人迅速发展并稳定至 16 万人以上,基本实现"村村有志愿队""户户有志愿者"目标[①]。

(五)辽宁省大连市:开展"信用惠农、整村授信"投放涉农贷款近 40 亿元

一是搭建涉农信用信息平台。大连市搭建起农村基础建设平台管理系统,建立农户和新型农业经营主体信用档案。截至 2021 年 10 月,平台已归集农户信息近 50 万条、涉农企业社保缴费信息 54 万余条、农户农企公用事业缴费信息 156 万余条、农业产业化龙头企业基础信息 6 千余条、家庭农场登记信息 2 万余条。

二是围绕农村信用体系建设加快建章立制。人民银行大连市中心支行联合大连市农业农村局制定了《关于推进信用户、信用村、信用乡(镇)创建工作更好服务乡村振兴战略的实施意见》,确立了"信用村、信用镇"参考评定标准,将村内集体经济情况、乡村治理水平、信贷资产质量等要素作为重要指标纳入测评体系,积极推动创建结果的应用转化。

三是推进政银融合,引导金融机构将更多金融资源配置到农村重点领域和薄弱环节,更好地满足乡村振兴多样化、多层次的金融需求。围绕"三农"服务,推动"整村授信"工作,加快信贷投放,让信用良好的农村、农户优先享受更优质的金融服务。通过密切政银合作,大连市初步形成了银行放贷、政府监督、乡村自治、农民维护的良好信用监督管理体系。积极发挥信用信息服务农户融资功能,引导金融机构加大涉农贷款投放,截至 2021 年 10 月,大连市通过"整村授信"项目已投放涉农贷款近 40 亿元[②]。以农业银行为例,农业银行大连市分行通过开通惠农绿色通道,一笔助农贷款从现场调查、签约到发放,最长仅 3 天时间,破解了银行传统贷款审批"流程长、环节多"的难点,解决了农户长期以来"担保难、融资难"的痛点问题。同时,农行依托"惠农 e 贷"相关产品,为 52 个信用村、1500 余户村民发放

---

① 国家信息中心中国经济信息网. 中国城市信用状况监测评价报告(2017)[M]. 北京:中国经济出版社,2017:309-310.

② 诚信研究. 典型经验 | 辽宁大连:创新实践 信用赋能高质量发展 [EB/OL].(2021-11-14)[2022-11-10]. https://mp.weixin.qq.com/s/lEdpWXRZaUa3SgSFg7RUkQ.

了 2.59 亿元贷款①。

（六）吉林省四平市：党建引领推进红色信用乡村建设，农村信用户评价结果共享互认

一是推进红色信用乡村建设。四平市是一座英雄的城市，红色血脉根植于这片热土。根据习近平总书记考察四平时提出"要保护好黑土地这个耕地中的大熊猫"的指示精神，四平市积极推进红色信用乡村建设。2021 年 6 月 9 日举办"红色信用乡村建设启动仪式"，探索把红色与信用融合，以党建引领乡村基层信用治理创新，以信用建设优化营农环境，以信用体系支撑黑土地保护与粮食安全，以诚信价值观引领思潮、打造"红色＋信用＋乡村振兴"新模式。突出金融服务"信用乡村"建设。鼓励引导金融机构积极服务乡村振兴，把目光聚焦在支持"三农"工作发展上，开发适应乡村发展的信贷产品，将信贷服务延伸到农民家里，让农民足不出村就能够获得便捷的贷款服务。不断优化农村金融生态环境，对农民、农民合作社普遍进行信用评级，评级好的开展信用贷款授信，用实际行动推动乡村振兴。把农村、农民信用信息归集作为红色信用乡村基础性工作，突出做好政、贷、约、电、税、保、个人等各方面信用信息的归集，让数据为农村赋能、为振兴赋能。着力丰富交通、医疗、文化、保护黑土地等应用场景，让老百姓真正看见诚实守信带来的实惠，做细做实乡村治理，提升治理能力②。

二是实现农户信用评价结果互认。农民申请信用贷款时，其信用额度由银行等金融机构依据信用评价结果确定，不同金融机构所掌握的农民信用信息差异较大，信用评价结果很难互认。针对这一难题，2022 年 6 月，四平市以梨树县为试点，在当地十家堡镇试点农村"信用户"评价结果共享互认，梨树县当地的农业银行、邮政储蓄银行、农村信用联社对本机构在十家堡镇评定的"信用户"颁发证书，全县银行业金融机构对这三家机构在十家堡镇

① 金台资讯．建设农村信用体系 赋能乡村金融服务 [EB/OL]．（2022－06－09）[2022－11－10]．https：//baijiahao.baidu.com/s? id=1735155967836197442&wfr=spider&for=pc．
② 国家发展和改革委员会．典型经验 | 吉林四平：筑牢信用根基 助推全面振兴 [EB/OL]．（2021－11－14）[2022－11－10]．https：//mp.weixin.qq.com/s? __biz=MzU4MTY5NTEwNw==&mid=2247483948&idx=2&sn=955260c72055e587f8ab4160e5f141df&chksm=fd42e1c0ca3568d60838426 68ae5e173d078747300dc9ebe13f7f348ab3d8476396d0f56b0bf&scene=21#wechat_redirect．

农村所评定的信用户均予以承认，无须重复评定，这减少了各金融机构在筛选和考察客户时所花费的高额成本和大量人力与物力。截至 2022 年 8 月底，试点累计有 1184 户农户获得了"信用户"证书，贷款余额达 3000 余万元①。

（七）重庆市铜梁区："信用 + 乡村治理"，示范创建助振兴

铜梁区积极探索，创新"信易 +"产品，打造多种信用应用场景，全面提升便民惠企能力。在"信用 + 乡村治理"方面，铜梁区通过示范创建助振兴。开展"信用村""信用户"等示范创建工作。制定"信用村""信用户"评定标准，积极推动各涉农银行评定结果互认，为"信用户"提供一定的授信额度，对"信用村"实行"专人专办、绿色通道"，并实施最低利率优惠政策。截至 2021 年 10 月，全区共评定"信用村"35 个，"信用户"2175 家，发放农村小额信用贷款5815.62 万元②。

（八）山东省济宁市：创新信用乡村建设理念，探索"信用 + 社会治理"基层治理新路径

一是创新信用乡村建设理念，融合济宁市"孔孟之乡"优秀传统文化，弘扬以诚待人、讲信修睦的思想，建立"信用户""信用村""信用镇（街）"等信用典型示范体系，将遵纪守法、文明创建、人居环境、文化生活、乡风民风、志愿服务等作为评价指标，积极引导居民弘扬遵纪守法、诚实守信的风尚。将"诚信"融入社会救助、新时代文明实践、"和为贵"社会治理等基层治理服务工作，开展"儒乡曲阜·诚信救助"试点，申请救助实施信用承诺，诚信典型给予优先保障。2020 年以来共有 197 户 376 人因家庭经济状况好转而主动申请退出低保救助，起到了"诚信履约、守信光荣"

---

① 信用中国. 吉林四平：信用体系建设激发城乡活力. 信用中国［EB/OL］.（2022 – 09 – 30）［2022 – 11 – 10］. https：//mp. weixin. qq. com/s? __biz = MzIzMTA0OTY1Mg = = &mid = 2650058207&idx = 4&sn = f44b810d43250fb99333b4c665df6418&chksm = f0aa1d04c7dd9412f4c9666a4c55e037e4157018b8114a389d76d5dc8dc595f787da5efa5caa&scene = 27.

② 国家发展和改革委员会. 信用建设示范区典型经验 | 重庆铜梁区：信用引领 营商环境谱新篇［EB/OL］.（2021 – 11 – 24）［2022 – 11 – 10］. https：//www. xycq. gov. cn/html/new/content/detail/69179. html.

的典型示范效果①。

二是推进农村信用体系建设制度化。济宁市农业农村局于 2022 年 4 月发布《济宁市"十四五"推进农业农村现代化规划》，提出"加强乡村信用环境建设，推动农村信用社和农商行回归本源。""建立农产品生产企业信用信息系统，对失信市场主体开展联合惩戒"。

三是积极开展生产、供销、信用"三位一体"综合合作。弥补金融合作短板，构建集内部信用互助、信贷、基金、保险于一体的金融支持保障体系，搭建农村信用服务体系，发挥供销社联结新型农业经营主体与金融机构桥梁纽带作用②。

（九）陕西省延安市：树立信用价值，助力产业发展乡村振兴

延安市深入推动"双基联动"整村授信，应授尽授，使一大批"资质欠佳、资产较少"但"信用好、想创业、敢拼搏"的农民群体均享受到普惠金融。截至 2021 年 10 月，农户小额信用贷款授信达到 74340 户 76.83 亿元，用信余额净增 8.64 亿元，全力支持农户及合作社发展、巩固和壮大畜禽养殖、大棚蔬菜、苹果及小杂粮种植等致富产业。弘扬"守信获益、失信受限"的诚信文化，评定"信用村"141 个，创建"信用乡（镇）"3 个，信用村镇总数达到 144 个。积极推动乡风文明建设，促进社会治理，服务乡村振兴战略③。

第二节　部分全国农村信用体系建设试验区经验

2014 年，《中国人民银行关于加快小微企业和农村信用体系建设的意见》（银发〔2014〕37 号）明确了全国 32 个农村信用体系建设试验区，本节选取其中 4 个具有典型意义的试验区经验进行梳理和盘点。

---

① 国家发展和改革委员会. 典型经验｜山东济宁：孔孟之乡焕发时代"信"光彩 ［EB/OL］.（2021－12－12）［2022－11－10］. https：//mp. weixin. qq. com/s/NvVEQbHeohMwnbF95GASiA.
② 济宁市供销合作社. 市供销合作社对市第十八届人大会议第 80 号建议的答复《积极开展供销社三位一体综合合作　助力乡村振兴共同富裕的建议》［EB/OL］.（2022－04－01）［2022－11－10］. http：//www. jining. gov. cn/art/2022/4/1/art_33595_2766531. html.
③ 国家发展和改革委员会. 典型经验｜陕西延安：让信用成为革命老区新名片 ［EB/OL］.（2021－12－16）［2022－11－10］. https：//mp. weixin. qq. com/s/n_rNvnCWGb_JO120DZ6cmw.

（一）黑龙江省克山县：构建"信息采集＋信用评价＋信贷投放＋社会效用"四位一体新型农村金融服务模式

克山县围绕农村金融的难点、焦点问题，坚持十年推动"信息采集＋信用评价＋信贷投放＋社会效用"四位一体农村金融服务体系建设，形成了适应现代农业发展特点的"克山模式"[①]。

一是注重涉农主体信用信息采集。黑龙江省克山县是我国重要的农业大县，也是我国农村信用体系建设的重点推进县。在农村信用体系建设过程中，克山县自 2010 年开始着手采集农户信用信息。经过三年的入户调查、填表登记，剔除长期在外务工人员和 60 岁以上老人等信用信息，共采集 63544 户农户信用信息，农户信用信息采集率达到 100%。

2013 年，克山县政府出资 500 万元，在东北地区率先成立信用信息中心——克山县信用信息中心，这也是黑龙江省首家县域信用信息中心，列出专门经费委托人民银行代为管理，主要负责农村信用体系建设的日常管理、农户信用信息数据库的运行维护等工作。该中心首批入网单位 29 家，并首次将机构信用代码作为标识码，检索该代码可直接查询农民专业合作组织基本信用信息及评级结果。克山县信用信息中心成立后，逐步扩大采集对象范围、丰富采集内容，以行政村为单位，抽调金融机构相关人员、行政村干部及村民代表等共 1236 人，组成 322 个信用信息采集小组，逐户采集确认农户和农民专业合作社信息，并经被采集人和采集人双方签字确认，确保了信息采集的准确性、公正性。

中国人民银行克山县支行数据显示，截至 2020 年 8 月末，克山县已经建立农户信用档案 63544 户，采集录入率达到 100%，已采集录入 403 家农民专业合作社的信用信息，评定 AAA 级农民专业合作社 4 家，AA 级农民专业合作社 237 家，A 级农民专业合作社 78 家，采集家庭农场 14 户。

2016 年，为适应农村经济社会发展新业态和新要求，克山县增加了中小微企业的信息采集内容，并将信用信息采集结果进行公示，利用系统自动评

---

① 刑路续. 黑龙江省克山县：十年构建起金融服务农村信用体系的"克山模式"［EB/OL］.
（2020－10－09）［2022－11－10］. https://bm.cnfic.com.cn/sharing/share/articleDetail/2056416/1.

分。克山县农村信用体系建设中小微模块系统于 2016 年末正式上线，截至 2020 年 8 月末，已经采集录入 678 户中小微企业信用信息。

二是注重涉农主体信用评价。克山县政府印发相关实施意见，以开展信用户、信用企业、信用村评价为手段，创建金融生态环境建设示范县；根据农户家里的具体信用信息、信贷结果、综合评价等，克山县评出"信用户""信用村""信用乡（镇）"。中国人民银行克山县支行数据显示，截至 2020 年 8 月末已经评出 AAA 级"信用户" 3533 户，AA 级"信用户" 15633 户，A 级"信用户" 34260 户；评定"信用村" 94 个、"信用乡（镇）" 13 个。

三是注重涉农主体信贷投放。中国人民银行克山县支行积极推动金融机构制定包括信用贷款发放、利率优惠及金融创新等方面的支农惠农措施，支持农民专业合作社和信用农户发展。

克山县金融机构依托信息平台对农民专业合作社和农户评定相应的信用等级，创新开办了"金种子"信用贷款、"借贷安心"小额贷款保险等金融产品，推广农村土地经营权抵押贷款、农副产品订单、仓单等质担融资业务，积极推出"农村专业合作社＋征信＋贷款""银行＋农村专业合作社＋融资担保公司＋保险＋核心企业"等信贷模式。2020 年 8 月末，克山县涉农贷款余额为 32.6 亿元，克山县开办农村土地经营权抵押贷款累计近 20 亿元，支持农村土地流转 24.1 万亩。

对于农村信用信息采集系统评定的黄金信用户，金融机构会给予 10 万元的免抵押、免担保的授信额度，涉及用户 270 户。政府鼓励金融机构向农村专业合作社、家庭农场、中小微企业等新型农业经营主体投放贷款，并划拨 143 万元专项资金奖励相关金融机构。

四是注重信用评价社会应用。克山县还将信用信息评级结果应用在行政领域，作为财政支农资金安排、政府补贴、农村配套服务等相关优惠政策以及乡（镇）村干部选拔任用、评优评先的参考依据；作为招商引资、政府采购、招投标等活动的参考信息；作为企业、个人与其他组织在大宗交易、经济合同、合资合作等商业活动的参考资料。

在农村信用体系建设带动下，云鹰集团、雨润食品等外埠企业纷纷落户克山。2020 年 6 月末，克山县招商引资 11.2 亿元，同比增长 814%①。

（二）江苏省仪征市：积极推出"茶叶贷"农村信贷产品，着力打造茶产业链特色金融服务

茶叶是仪征市的特色农产品和支柱产业之一，种植面积达到 3 万多亩，占扬州茶园总面积的 98%。茶产业年总产值近 10 亿元，巨大资金成本需求，急需金融支持。仪征市通过推进农村信用体系建设，打造"信用镇""信用村"，推动金融机构对信用村"整村授信"，增加"再贷款"投放、鼓励金融产品创新，着力打造茶产业链特色金融服务。

仪征农商行积极进行产品创新，2022 年 2 月推出"量身定制"的茶产业"信易贷"产品——"茶叶贷"，无须提供担保也能便捷获取贷款，解决了茶产业经营主体因缺乏有效抵押物和担保方等抵押难、担保难问题，深受茶企、茶农的欢迎。该产品授信期限长达 3 年，茶农最高授信 30 万元，茶企最高授信 200 万元，茶企、茶农的贷款利率也从以前的 7%～8%，降至 6% 以下，并可循环使用、随借随还，更加精准满足茶农、茶企、专业合作社和家庭农场等不同群体的融资需求。

据统计，2022 年以来，仪征农商行已为仪征相关茶企发放贷款 500 万元，人民银行仪征市支行及时给予该行 200 万元的再贷款支持。仪征市以金融服务为乡村振兴持续注入"金融活水"，走出了一条茶农、茶商、茶企、茶机具企业、银行等"多赢"发展之路②。

（三）浙江省丽水市：统筹推进金融信用、社会信用、生态信用"三位一体"农村信用体系建设

近年来，浙江省丽水市依托中国人民银行确定的全国农村信用体系建设

---

① 魅丽克山. [访谈] 克山县委书记刘国文：遍栽梧桐引凤栖 [EB/OL]. (2020 - 08 - 26) [2022 -11 -10]. https：//mp. weixin. qq. com/s? __biz = MzU2ODA1NDYyMA = &mid =2247525595& idx = 1&sn = 5b88d522ae86406cb49a02f746886856&chksm = fc91e2e8cbe66bfe7a6b05ed2984e6288adb64f7f3 81030b2a9c6f9ed86ded84bd5e51e2c7ba&scene = 27.
② 仪征发展和改革委员会. 仪征农村信用体系建设再出成果 信易贷产品助力茶产业链发展 [EB/OL]. (2022 - 04 - 01) [2022 - 11 - 10]. http：//www. yizheng. gov. cn/yzsxxgk/fgw/202204/6784 c2565fad4ea8aa3b31c2a3dcdbda. shtml.

试验区和已中标的浙江省金融创新标准化战略重大试点项目,立足当地农村实际,以农村信用信息归集、评价、共享为切入口,统筹推进金融信用、社会信用、生态信用"三位一体"农村信用体系建设,形成信用赋能乡村振兴的"丽水样板"①。

一是发布全国首个市级农村信用体系建设规范。2020年3月,中国人民银行丽水市中心支行编制的《农村信用建设规范:第1部分 农村信用信息管理》《农村信用建设规范:第2部分 农村信用评价》两项标准,获批浙江省市场监管局正式发布,成为全国农村信用体系建设领域首个省级地方标准,农村信用体系建设向标准化迈进②。

二是建立全国首个"全覆盖"的市级农村信用信息平台。丽水市建立了全国首个覆盖全市所有农户和农业经营主体的信用信息服务平台。平台集信息查询、信用评价、风险预警、成长培育等功能于一体,归集了各金融机构信贷数据以及市场监管、自然资源、社保、税务等20余个部门的公共数据,为全市所有金融机构提供金融、政务、司法三大领域一站式信息查询服务。截至2021年6月末,平台共建立农户档案49.6万户,农业经营主体档案18099户,归集各类数据近2亿条,年查询量达15万次。

三是建成多层次农村信用评价体系。自2013年起,丽水市依托全国农村金融改革试点,聚焦"三农需求大,融资难;城乡差距大,普惠难"的农村金融"两大两难"问题,着力推进农村信用体系建设。经过近十年的砥砺发展,丽水已建成多层次的农村信用评价体系,可结合不同的运用场景,为各种信息主体精准描绘"信用画像"③。通过疏通价格机制、发挥声誉机制、强化联动机制,达到增加信用"含金量"、强化诚信"荣誉感"、提升失信"约束力"的目标。截至2021年9月,全市共评出"信用户"41.7万户,"信用村(社区)"790个,"信用乡(镇、街道)"45个。将诚信状况作为农村文明建设和社会评

---

① 杭州中心支行. 丽水建立"标准化"信息共享机制,构筑信用引流信贷资金"高速路" [EB/OL]. (2021-09-01) [2022-11-10]. http://hangzhou.pbc.gov.cn/hangzhou/2927497/4331650/index.html.

② 信用中国. 浙江丽水发布全国首个农村信用建设省级地方标准 [EB/OL]. (2020-03-13) [2022-11-10]. http://xyzl.jlzhenlai.gov.cn/cms/news/content/6879437367258644448.

③ 杭州中心支行. 丽水建成多层次农村信用评价体系 [EB/OL]. (2021-09-08) [2022-11-10]. http://hangzhou.pbc.gov.cn/hangzhou/2927497/4338152/index.html.

价的重要内容，动态开展"农村信用文明户"评比，定期开展信用评价表彰公示。通过声誉机制形成强大的诚信感召力，能不能评上"信用户""信用村（社区）""信用乡（镇、街道）"成为农村地区相互"攀比"的内容。为了符合信用评定要求，近年来全市共有 3980 户农户主动归还各类可疑、损失类贷款4165 万元；其中部分为村民自发筹款，为无力偿还贷款的农户代偿。

四是多渠道引导支农信贷资金。建立农村信用融资、产权融资、权益融资三大体系，以信息共享为抓手，实现农村由信贷资金"高地"变"洼地"。截至 2021 年 6 月末，丽水市 19 家商业银行全部涉足农村信贷市场，农户在单个机构的信用融资授信最高 30 万元，最低利率 3.85%，最多可获得 4 家机构授信。全市林权抵押贷款余额 66.36 亿元，农房抵押贷款余额 57.77 亿元，土地流转经营权抵押贷款余额 9.48 亿元。公益林补偿收益、地役权补偿收益等区域特色质押贷款持续扩面增量。

五是深度融合农村信用体系建设与基层治理。着力推动农村信用体系建设在提升基层治理体系和治理能力现代化方面的作用，多渠道引入金融信用手段，加大失信成本，有效解决农村基层难题。如在全国率先开展食品安全金融联合惩戒工程，重点聚焦药肥双控、添加剂规范使用等监管要求，对涉及农产品食品安全的失信主体实行限制贷款、提高利率等金融约束措施。该做法已被推广至浙江省 88 个县（市、区）。再如，丽水市农户信用评价指标将邻里关系、遵守村规民约、斗殴赌博等情况作为关键内容，有效解决农村基层治理的"老大难"问题。近年来，丽水农村治安案件呈现逐年递减态势。

（四）安徽省金寨县：着力构建"党建引领、信用铺路、多方治理"的信用治理格局

安徽省金寨县以党建引领信用村建设为切入点，着力构建"党建引领、信用铺路、多方治理"的信用治理格局。

一是以推进党建引领信用村建设为牵引。信用信息采集是党建引领信用村建设工作的关键和基础。金寨县全面推动农户信用信息采集、归集、评信、共享和使用，搭建乡村信用服务平台，建立全覆盖信用档案，优化授信评定流程，简化贷款办理手续，着力解决农村信用体系建设缺失、信息不对称、

金融生态不优等制约乡村发展的"瓶颈"问题①。金寨县在纵深推进党建引领信用村建设工作中，按照"边采集、边评价、边应用"的思路，积极运用党建引领信用建设成果，充分发挥金融撬动作用，为乡村产业振兴注入源头活水。从根源上改变农村产业发展贷款难、渠道窄等制约乡村产业振兴的难题。按照农村信用体系建设目标管理绩效考核指标，以信用治理为牵引，建立信用修复机制，一体嵌入"自治""法治""德治"，探索构建"联户联信"网络化机制，开展"信用知识普及宣传月""信用知识进乡村"等活动。

2021 年，金寨县为推动党建引领信用村建设工作出台了"十项信用惠民政策"，在涵盖免费公交出行、免费医疗诊察、免收景区门票、就业培训、优惠购买特色农业保险等十个方面为不同评级的"信用户"发放了"信用福利"。"十项信用惠民政策"出台后，乡村居民干事创业热情高涨，很多在外务工人员有了回乡创业的意向。遵纪守信带来的发展便利，不仅给信用户提供了创业、就业门路，更是切实发挥了群众在乡村治理体系中的主体作用，积极引导群众自我管理、自我教育、自我服务、自我提高，确保乡村社会充满活力、和谐有序②。

二是将党建引领信用村建设与国家"数字乡村"试点工作有机结合，推进数字产业、数字服务、数字治理、数字党建等融合发展。实行全周期管理，拓展"信用超市"、信用图书室等场景应用，推进党建引领信用村建设结果在产业发展、公共服务等多方面运用，提升乡村治理效能。

第三节　部分新型农业经营主体信用体系创新试点经验

早在 2014 年印发的《中国银监会办公厅关于做好 2014 年农村金融服务工作的通知》（银监办发〔2014〕42 号）就对家庭农场等新型农业经营主体提出金融服务指导。2021 年 9 月 17 日，农业农村部计划财务司发布的

---

① 新华网. 党建聚心，信用变金——金寨县党建引领信用村建设调查［EB/OL］. （2021 – 11 – 02）［2022 – 11 – 10］. http：//m. xinhuanet. com/ah/2021 – 11/02/c_1128022149. htm.

② 金寨县行政审批局. 党建引领乡村信用体系建设　十项"福利"树立信用"风向标"［EB/OL］. （2021 – 07 – 29）［2022 – 11 – 10］. https：//www. ahjinzhai. gov. cn/zwzx/bmxx/34170038. html.

《2021 年度金融支农创新试点名单公示》① 显示，安徽省蒙城县等 8 个新型农业经营主体信用体系创新试点被纳入政府购买服务试点范围或自主试点名单。本节选取其中 3 个具有代表性的新型农业经营主体信用体系创新试点经验进行了梳理和盘点。

（一）安徽省蒙城县："信用变金"为新型农业经营主体注入源头活水

一是党建引领支持乡村振兴和普惠金融。2021 年 11 月 9 日，蒙城县首笔新型农业经营主体授信放贷仪式在岳坊镇牛王村党群服务中心举行，102 家各类新型农业经营主体获得授信放贷。这是蒙城县以"党建引领信用村"为抓手，坚持"信"以致用，金融信贷为新型农业经营主体注入源头活水的一个真实写照。

作为安徽省党建引领信用村试点县，蒙城县将"党建引领信用村建设"作为有效支持乡村振兴战略和普惠金融的重要举措。近年来，蒙城县把党建引领信用村建设纳入县乡村三级书记抓基层党建述职评议考核，压实乡镇党委、村党组织书记工作责任，并建立由组织部门牵头，金融监管、人民银行、数据管理等部门各负其责的推进机制，真正为乡村振兴提供坚强有力的政治保障。比如，在采集信用信息时，就有 29 项指标由基层党员干部、金融机构服务人员入村到户，进行面对面采集；有 8 项乡风文明指标由村党组织牵头，组织镇村干部、群众身边人进行口碑评议。

二是夯实信用评定机制。建设信用村，基础是信用评定。信用等级关乎群众的社会认可度和贷款额度。蒙城县将农户、新型农业经营主体、村集体经济组织等农村经营主体均纳入评议范围，细化了 171 项信用信息，包括劳动力状况、成员学历、年收入、生产经营稳定性、资源资产、信用履约记录、民间借贷、乡风文明等内容，并赋予相应分值。信息采集后，可在相关平台进行"一键评定"，按照 AAA 级、AA 级、A 级、B 级、C 级、D 级进行评级。A 级及以上主体，可到银行申请无抵押信用贷款；对 B 级及以下主体，

① 农业农村部, 2021 年度金融支农创新试点名单公示 [EB/OL]. (2021 - 09 - 17) [2022 - 11 - 10]. http://www.moa.gov.cn/xw/bmdt/202109/t20210917_6376728.htm.

则建立帮扶机制，帮助其授信增信。经评定，蒙城县22.7万户信用主体成为A级以上"信用户"，239个村（社区）成为A级及以上"信用村"。

有了信用基础，就要最大程度激活信用价值，让金融力量服务乡村振兴。换言之，让信用转化为信贷，各类经营主体才有发展产业的资金池。

三是"双管齐下"最大限度激活信用价值。一方面，优化服务抓金融，开发线上金融产品，让信用主体足不出户就能办理信贷业务；设立信用风险补偿基金，以政府信誉为农民作担保。新型农业经营主体靠信用贷款获得了资金，简化了手续，促进了产业发展，降低了新型农业经营主体用信成本，提升了新型农业经营主体金融政策受益的广度和深度。截至2021年11月，蒙城县已经完成30余万户信用建档工作，评出"信用户"22万余户，"信用户"占比超过72%，全县共有新型农业经营主体5000个，其中信用新型经营主体3000个。截至2022年4月，蒙城县已累计为信用主体授信达129.13亿元，信用主体用信达21.75亿元[①]。另一方面，量化指标抓评议，将孝敬老人、家庭和睦、邻里和善、热心公益、移风易俗等"软指标"进行量化，由群众身边人评议，激发群众参与积极性；推出"福利清单"，向"信用户"提供城乡公交、超市购物、创业就业等方面优惠便利，以实实在在的信用价值鼓励群众支持。从整体上看，信用等级好的主体，可以充分利用金融政策，为经营发展拓宽资金渠道；借助信用评级带来的示范效应，也可以引导更多人参与乡风文明建设，形成助推发展和社会治理的共赢[②]。

（二）江苏省兴化市：构建"征信+融资""政府+市场"农村信用体系建设

近年来，人民银行兴化市支行以优化农村地区融资环境为目标，以地方信用信息共享为突破，初步探索出"征信+融资""政府+市场"的农村信用体系建设"兴化模式"，实现征信助融全覆盖，促进农村信用体系建设高质量发展。

聚焦信用，建立信用信息采集机制。建立平台共建机制。推动市政府出

① 代慧康、赵一鸣.蒙城县："信用变金"为新型农业经营主体注入源头活水［EB/OL］.（2021-11-17）［2022-11-10］.http://ah.people.com.cn/n2/2021/1117/c374164-35009527.html.
② 农业农村部.安徽蒙城：以信用村建设助力乡村振兴［EB/OL］.（2022-04-26）［2022-11-10］.http://www.moa.gov.cn/ztzl/naxy/dfdt/202204/t20220426_6397821.htm.

台阳光征信惠农平台建设方案,明确市人民银行、农业农村、税务、司法等18个政府部门和兴化农商银行的职责分工,规范信息采集范围和更新频率。建立跟踪督查机制。由市领导定期召开协调会,通报采集进度,协调解决采集过程中存在的问题。建立线下采集机制。建立"铁脚板+网格化"的信息采集机制,将全辖行政村网格化划分,明确网格信息采集更新负责人,保障数据采集全面、准确,更新及时。

聚力创新,搭建阳光征信惠农系统。推动兴化农商银行创新建设"六位一体"阳光征信惠农系统。阳光采信指整合征信、政务、信息等建立数据库。阳光评信指建立信贷准入模型、额度模型和利率模型,消除信息不对称。阳光授信指依据信息主体信用评价结果,确立授信额度和利率定价。阳光增信指结合客户资产、担保等因素对授信额度和定价动态调整。阳光用信指依靠系统实现自助申信、审信和放款,10分钟即可完成。阳光管信指依靠信息采集更新,及时发现客户重大风险,提前采取防范措施。

聚合供给,完善配套政策措施。依靠信贷政策支持,推动兴化农商银行完善"征信+融资"政策,对优质客户最高给予1.2倍授信额度、0.8倍贷款利率和20%信用贷款等优惠。提供风险补偿支持。建立规模为800万元的新型农业经营主体风险补偿基金,降低新型农业经营主体贷款风险溢价和担保成本。提供财政贴息支持。对初创型新型农业经营主体贷款利率(LPR-150BP)以上和农村承包土地经营权抵押贷款的1%给予财政贴息。

农村融资环境明显优化,征信服务"三农"效果显著。融资效率明显提升,融资成本和信贷风险显著降低。截至2021年10月末,兴化市涉农贷款、农户贷款余额分别较同期增长22.27%和7.57%。"阳光e贷"平台上线30个月,已授信12.79万户,

授信客户占全市总户数比重超过25%;累计发放贷款21.01万笔、金额78.36亿元,其中:信用贷款18.01万笔、62.68亿元。贷款平均利率低于同档同期同类型贷款1.5个百分点,节约融资成本约1.17亿元。不良贷款累计708笔、1575.71万元,不良贷款率0.88%,低于平均不良贷款率1.31个点①。

---

① 宋琳,陆国锦.兴化构建"征信+融资""政府+市场"农村信用体系[EB/OL].(2021-11-29)[2022-11-10].http://xh.xhby.net/pc/con/202111/29/content_1000552.html.

信用体系立体平台形成,信用建设长效机制初步建立。"政府+市场"的双轮驱动,"1+18+26"的立体式建设(征信惠农线上平台,线下农业农村、税务等18个政府部门协建主体、26个街道和乡镇共同推进)共同构建了农村信用体系建设的长效机制。在江苏省内率先建成阳光征信惠农管理系统,客户办贷"纯线上+免担保""自授信+自助贷""全天候+不等候""简手续+降成本""广授信+多用信","简""快""广""省"的优势充分体现。结合"整村授信"模式,共采集32万户农户、0.83万户新型农业经营主体信息建立信用档案,有效建档率和预授信覆盖面均达到100%。

农村地区信用意识明显增强,信用体系建设呈高质量发展。"征信+融资""政府+市场"的农村信用体系一体化建设"兴化模式",既增加了农村地区信贷供给和融资便利度,也强化了农户的守信意识,形成了守信激励与失信惩戒的良好氛围。兴化市委、市政府更将农村信用体系建设作为优化营商环境、推进农村普惠金融的重要抓手,主要领导多次听取专题汇报,亲自协调推进,促进了信用体系建设在潜移默化中高质量发展①。

(三)福建省古田县:创新新型农业经营主体管理及信用分级评价系统

《古田县新型农业经营主体信用体系创建工作实施方案》②(以下简称《古田方案》)在部署总体思路时提出,强调培育壮大新型农业经营主体,强化涉农信用信息系统建设,健全信用信息采集长效机制,开展以"金融信用村、乡(镇)、县"为核心的区域信用创建和以县域特色产业为主体的行业信用创建及运用工作。

古田农信社建设新型农业经营主体管理及信用分级评价系统实现了日常财务管理、财政补贴查询、主动信用评级、申请贷款等功能。农业主管部门可查看权限范围内新型农业经营主体总体经营情况、信用评级情况等功能。

---

① 宋琳,陆国锦. 兴化构建"征信+融资""政府+市场"农村信用体系[EB/OL]. (2021-11-29)[2022-11-10]. http://xh.xhby.net/pc/con/202111/29/content_1000552.html.

② 古田县人民政府. 古田县人民政府办公室关于印发古田县新型农业经营主体信用体系创建工作实施方案的通知:古政办[2021]76号[EB/OL]. (2021-12-03)[2022-11-10]. http://www.gutian.gov.cn/zwgk/zfxxgkzl/zfxxgkml/zfjzfzcbm/xrmzfbgs/gkml/qtyzdgkdzfxx/202112/t20211216_1567865.htm.

通过业务管理、产品方案、金融助理、"多社融合"等保障机制，为探索开展农村金融创新提供有力保障。

一是建立"多社融合"机制，创新金融发展模式。立足新型农业经营主体现状，党政部门与古田农信社加强联动，共同探索"信息共享、资源互补、风险共担"的新型多社融合机制。通过"政策+产品+服务"同步导入，推动新型农业经营主体信用评级，培育壮大新型农业经营主体。同时围绕"龙头企业+合作社+家庭农场（种养大户）+农户"等产业链、供应链融资模式，充分发挥古田县民富融资担保公司担保职能，建立起"政府+担保+银行"的金融服务方式，形成农业农村产业贷款风险分担机制，逐步推进农户与现代农业加速衔接，助力农业质效提升，助推新型农业经营主体高质量发展。

二是发挥科技引领作用，建设综合服务平台。共同探索建立农村资产资源和生产经营为核心的新型农业经营主体信息数据库和融资综合服务平台。通过运用"农信特色"的福农综合服务管理平台，为古田县农业农村局提供农业农村数据采集、村务综合治理、三资管理、金融服务、资源要素流转等系统支撑。

三是完善农村信用体系建设，优化金融生态环境。"政银"协同推动农村信用体系建设，有力发挥古田农信社人缘、地缘、亲缘的综合服务优势，以长期推动信用工程建设为基础，通过信用户、信用村（居）、信用乡镇、信用县的创建工作，开展建档、评级、授信"三同步"，优化金融生态环境。同时，加强信用文化宣传引导，不断提升农民合作社、家庭农场、规模养殖场、农业产业化龙头企业、农业社会化服务组织等新型农业经营主体和传统农户的守信意识，并通过转化信用成果，为实施乡村振兴战略提供了有力支持。

四是创新金融服务模式，提升金融服务水平。持续贯彻落实"金融助理驻村"工程、推广"供销社+农信社+农业龙头企业+农民合作社"等服务模式。发挥金融助理既是金融优化政策的宣传员，也是政银企沟通的联络员的作用，承担普及金融知识、优化信用环境、助力产业发展等职责，并重点为有信贷需求且暂未获得融资支持的新型农业经营主体提供了专业辅导和咨询服务，提升新型农业经营主体金融服务获得感。

　　五是打造特色金融产品，满足生产资金需求。古田农信社根据新型农业经营主体生产经营中金融产品需求，为新型农业经营主体量身打造特色金融产品，创新推广"福农直通贷"，向家庭农场、农民合作社、农业社会化服务组织等各类新型农业经营主体发放经营性贷款，进一步提升金融服务的可得性、覆盖面和便利度，推动农村"一二三"产业融合发展，助推乡村振兴战略落地实施。

第四节　小　结

　　本章从全国社会信用体系建设示范区、全国农村信用体系建设试验区和新型农业经营主体信用体系创新试点三个维度，分别选取并梳理了部分具有代表性的地区推进农村信用体系建设的典型。

　　全国社会信用体系建设示范区中，选取了四川省成都市、广东省惠州市、山东省潍坊市、山东省荣成市、吉林省四平市、重庆市铜梁区、山东省济宁市以及陕西省延安市的经验；全国农村信用体系建设试验区中，选取了黑龙江省克山县、江苏省仪征市、浙江省丽水市以及安徽省金寨县的经验；新型农业经营主体信用体系创新试点中，选取了安徽省蒙城县、江苏省兴化市和福建省古田县的经验进行了介绍。

　　上述全面展示了我国农村信用体系建设的地方探索与实践，积累了一批可复制、可推广的典型经验，具有很好的启示和借鉴意义。

第七章 农村信用体系建设关键要素分析

法律法规、制度标准、信息共享、信用奖惩是社会信用体系建设的四大关键要素，农村信用体系建设是社会信用体系建设的重要组成部分，农村信用体系建设的关键也在于法律法规、制度标准、信息共享、信用奖惩。四大关键要素分别对应法治化、规范化、信息化、应用化。结合农村信用体系建设自身的特色亮点，本章围绕这四个关键要素展开深入分析。

第一节 法治化

市场经济是法治经济也是信用经济，构建现代化的社会信用体系是市场经济向纵深发展的必由之路。自2014年以来，全国社会信用体系建设工作格局逐步形成，社会信用体系建设取得明显进展。然而，部分地区、部分领域诚信缺失十分突出，部分失信现象频频见诸报端。究其根本原因，信用法治化建设滞后、信用法律法规的缺失成为制约社会信用体系建设纵深推进的症结所在。

为加快扭转这一局面，党中央、国务院明确要求加快推进社会信用立法工作。过去几年，加快推进社会信用立法工作多次被写入党中央、国务院的重要文件之中，彰显中央层面将信用纳入法治化轨道的决心（见表7-1）。

表7-1 党中央、国务院近五年来对信用立法的重要部署

时间	名称	具体要求
2018年5月	中共中央印发《社会主义核心价值观融入法治建设立法修法规划》	探索完善社会信用体系相关法律制度，研究制定信用方面的法律，健全守法诚信褒奖机制和违法失信行为联合惩戒机制
2018年6月	李克强总理主持召开国务院第11次常务会议	坚持应用导向、立法先行，进一步加强社会信用体系建设

时间	名称	具体要求
2019 年 2 月	中央全面依法治国委员会第二次会议	要把工作重点放在完善制度环境上，健全法规制度、标准体系，加强社会信用体系建设，加强普法工作
2019 年 7 月	国务院办公厅印发《关于加快推进社会信用体系建设构建以信用为基础的新型监管机制的指导意见》（国办发〔2019〕35 号）	加快建章立制。推动制定社会信用体系建设相关法律，加快研究出台公共信用信息管理条例、统一社会信用代码管理办法等法规
2020 年 12 月	《国务院办公厅关于进一步完善失信约束制度　构建诚信建设长效机制的指导意见》（国办发〔2020〕49 号）	加快推动信用法律法规建设。坚持遵循法治轨道，加快研究推进社会信用方面法律法规的立法进程，理顺失信惩戒与行政管理措施的关系，夯实法治基础
2021 年 1 月	中共中央印发《法治中国建设规划（2020—2025 年)》	加快推进社会信用立法，完善失信惩戒机制。规范失信惩戒对象名单制度，依法依规明确制定依据、适用范围、惩治标准和救济机制，在加强失信惩戒的同时保护公民、企业合法权益
2022 年 3 月	中共中央办公厅、国务院办公厅印发《关于推进社会信用体系建设高质量发展　促进形成新发展格局的意见》	加快推动出台社会信用方面的综合性、基础性法律
2022 年 3 月	《中共中央　国务院关于加快建设全国统一大市场的意见》	加快推进社会信用立法
2022 年 11 月	国家发展和改革委员会通过官方网站发布《中华人民共和国社会信用体系建设法（向社会公开征求意见稿)》，正式对外公开征求意见	为贯彻落实习近平总书记关于完善信用体系方面的法律制度的重要指示精神，按照党中央、国务院关于推动社会信用体系建设高质量发展的部署要求，国家发展和改革委员会、中国人民银行会同社会信用体系建设部际联席会议成员单位和其他有关部门（单位）研究起草了《中华人民共和国社会信用体系建设法（向社会公开征求意见稿)》，并向社会公开征求意见

数据来源：根据公开资料整理。

近年来，各领域、各层级加快信用立法制法修法过程，加快诚信价值观入法过程，依法依规运用信用措施，推动形成良好的信用法治氛围。作为社会信用体系建设深入推进的关键一环，加快推进社会信用基础性法律法规具有标志性、突破性的意义。社会信用立法是贯彻党中央、国务院关于社会信用体系建设和社会信用法治化建设的重要部署与决策要求①，当前，制定全国社会信用法已经具备以下基础。

一是制定社会信用法已提上重要日程。根据 2022 年《全国人民代表大会常务委员会工作报告》及有其相关附表，制定社会信用法项目被列入立法规划或立法工作计划，2022 年 11 月初，国家发展和改革委员会按程序将《中华人民共和国社会信用体系建设法（向社会公开征求意见稿)》向各有关部门、社会广泛征求意见②。

二是社会信用地方性法规为国家立法奠定地方实践基础。在社会信用体系建设缺乏上位法的情况下，国家鼓励地方先行先试，将实践证明行之有效的信用建设举措逐步上升为法规制度，地方立法的经验探索能为今后国家层面立法做足准备。在这样的背景下，过去几年，地方信用立法加速推进。截至 2023 年 3 月底，全国已有陕西、湖北、上海、河北、浙江、辽宁、河南、山东、天津、广东、内蒙古、青海、重庆、江苏、海南、吉林、江西、甘肃、黑龙江、湖南、山西、贵州、云南和广西 24 个省（自治区、直辖市）出台了省级社会信用地方性法规。通过梳理上述 24 个省（自治区、直辖市）的社会信用地方性法规发现，只有《河南省社会信用条例》和《黑龙江省社会信用条例》涉及农村信用体系建设相关内容③。市级层面，无锡、泰州、宿迁、厦门、南京、哈尔滨、大连、四平、汕尾、杭州、深圳、宁波 12 个城市

---

① 周雨. 社会信用立法的地方立法实践与路径选择［J］. 征信，2020（12）.

② 国家发展和改革委员会财金司. 关于对《中华人民共和国社会信用体系建设法（向社会公开征求意见稿)》公开征求意见的公告［EB/OL］.（2022 – 11 – 14）［2022 – 11 – 10］. https：//yyglxx-bsgw. ndrc. gov. cn/htmls/article/article. html？articleId = 2c97d16c – 82cf3ac8 – 0184 – 74052a93 – 003e#iframeHeight = 806.

③ 2020 年 5 月 1 日实施的《河南省社会信用条例》第五十九条规定，县（市、区）、乡镇人民政府应当加强城市社区、农村等基层信用体系建设，建立社会信用信息记录、采集、归集、报送、查询等制度。2022 年 7 月 1 日实施的《黑龙江省社会信用条例》第五条规定，乡（镇）人民政府和街道办事处应当加强社会信用工作，并指导推进农村、城市社区开展基层社会信用建设；《黑龙江省社会信用条例》第十三条规定，各级人民政府应当加强诚信乡风和农村信用体系制度建设，将新型农业经营主体等农村信用信息列入公共信用信息目录并纳入各级公共信用信息平台或者其他关联系统。各级人民政府和有关部门应当加强数据赋能，创新优化融资模式，引导金融机构加强对中小微企业、个体工商户、农民专业合作社、农村集体经济组织等信用主体的信用金融服务和信贷产品供给，降低融资成本。探索对信用状况良好的农民提供农业生产经营相关的信用金融产品，提高信用贷款的可得性和便利度。

也先后出台相应的地方性法规。

三是信用入法取得积极进展。新法制定或修法过程均纳入信用有关条款。据不完全统计，截至 2022 年 6 月，已有包括《中华人民共和国民法典》《中华人民共和国公务员法》《中华人民共和国广告法》等在内的 50 部法律、70 部行政法规中写入了信用相关条款，规定了相关信用管理和应用措施。

四是实务界对制定国家信用立法呼声很高。人大代表以及社会各界呼吁尽快出台社会信用法。2020 年全国两会上，邵志清等代表及有关委员对制定社会信用法律法规提出有关建议；2021 年全国两会上，陈紫萱等全国人大代表提出意见呼吁制定社会信用立法。

五是近年来学界针对社会信用立法做了诸多探讨，对社会信用立法的必要性、社会信用立法的整体定位与路径、选择模式与具体制度设计等做了详尽分析，奠定了国家制定社会信用立法的理论基础。

通过自上而下和自下而上相结合，逐步将实践证明行之有效的信用措施上升为法律法规制度，社会信用体系建设法治化、规范化水平不断提升。

习近平总书记指出："信用体系只有用法的形式固定下来，才能形成应有的权威性和约束力"①。

农村信用体系建设是社会信用体系建设的重要组成部分，社会信用体系建设的法律法规同样适用于农村信用体系建设。同时，农村信用体系建设有其特殊性，也需要一部专门性的信用建设法律，有必要加快推进农村信用体系建设法治化进程。加快推进农村信用体系建设法治化应当单独考虑并从以下几个方面着手。

一是加快制定农村信用体系建设上位法，制定农村信用基础性法律法规。现阶段，我国农村信用体系建设方面缺乏一部专项法律法规，目前农村相关法律主要有《中华人民共和国农业法》《村委会组织法》《乡村振兴促进法》《中华人民共和国农民专业合作社法》等，尤其是 2021 年颁布的《乡村振兴促进法》在一定程度上填补了我国乡村振兴领域的立法空白，标志着乡村振兴迈入有法可依和全面振兴的新阶段，但农村信用体系建设尚未有一部专项立法保驾护航，在顶层制度、信息采集共享、信用奖惩、诚信文化氛围方面

---

① 阮德信. 论习近平诚信观 ［J］. 首都师范大学学报（社会科学版），2022（3）：51.

都存在诸多痛点和难点。应当结合农村信用体系建设实践，加快建立与农村信用体系建设相适应的法律法规或配套规范。

二是制修法过程中适当增加农村信用体系建设相关内容。积极推动对现行法律、法规、规章和规范性文件有关农村信用体系建设、金融支农等信用规定提出修订建议或进行有针对性的修改，为加快农村信用体系建设法治化进程奠定法治基础。将农村信用体系建设的一系列重点工作、重点任务尽快纳入法治化轨道，做到有法可依、有章可循。

三是鼓励条件成熟或已经取得显著成效的试点地方大胆探索、先行先试，鼓励在其相应的社会信用地方性法规、地方政府规章中加入农村信用体系建设具体条款。以全国社会信用体系建设示范区、全国农村信用体系建设试验区和新型农业经营主体信用体系创新试点为契机，借鉴部分地方依据《村委会组织法》将信用相关条款写入村规民约的做法，以实际行动践行依法依规推进农村信用体系建设相关要求。

四是农业农村部、中国人民银行、国家发展和改革委员会、银保监会等有关部门研究制定关于农村信用信息采集、归集、公开、共享与应用、守信激励与失信惩戒等方面的法律依据，确保依法依规开展农村信用体系建设。

第二节　规范化

制度标准是战略布局，是构建农村信用体系建设实施路径的基础。以制度标准为抓手的规范化是农村信用体系建设乃至社会信用体系建设的灵魂。

过去几年，党中央、国务院高度重视社会信用体系建设，围绕制度标准作出了一系列重要决策部署。在党中央、国务院的高度重视下，国家层面社会信用体系建设制度框架已基本完备。截至 2022 年 11 月底，党中央、国务院和国家社会信用体系建设牵头部门等关于社会信用体系建设顶层设计文件共有 16 部（见表 7–2），至今有效的共 13 部，其中，国发〔2014〕21 号、发改财金规〔2017〕1798 号、发改办财金〔2018〕893 号等文件均已完成历史使命。可以说，国家层面信用建设制度框架已基本完备，为深入开展社会信用体系建设高质量发展打下坚实的制度基础。这些制度是深入推进社会信用体系建设的行动指南，为全国各地开展社会信用体系建设工作提供了基本遵循，是实现社会信用体系建设规范化的重要依据。

表7－2　社会信用体系建设顶层设计文件

序号	文件名称	文号	备注
1	《国家发展改革委　人民银行　中央编办关于在行政管理事项中使用信用记录和信用报告的若干意见的通知》	发改财金〔2013〕920号	有效
2	《国务院关于印发社会信用体系建设规划纲要（2014—2020年）的通知》	国发〔2014〕21号	已完成历史使命
3	《国务院关于批转发展改革委等部门法人和其他组织统一社会信用代码制度建设总体方案的通知》	国发〔2015〕33号	有效
4	《国务院办公厅关于运用大数据加强对市场主体服务和监管的若干意见》	国办发〔2015〕51号	有效
5	《国务院关于建立完善守信联合激励和失信联合惩戒制度加快推进社会诚信建设的指导意见》	国发〔2016〕33号	有效
6	《关于加快推进失信被执行人信用监督、警示和惩戒机制建设的意见》	中办发〔2016〕64号	有效
7	《国务院关于加强政务诚信建设的指导意见》	国发〔2016〕76号	有效
8	《国务院办公厅关于加强个人诚信体系建设的指导意见》	国办发〔2016〕98号	有效
9	《关于全面加强电子商务领域诚信建设的指导意见》	发改财金〔2016〕2794号	有效
10	《国家发展改革委　人民银行关于加强和规范守信联合激励和失信联合惩戒对象名单管理工作的意见》	发改财金规〔2017〕1798号	已完成历史使命
11	《国家发展改革委办公厅　人民银行办公厅关于对失信主体加强信用监管的通知》	发改办财金〔2018〕893号	已完成历史使命
12	《国务院办公厅关于加快推进社会信用体系建设构建以信用为基础的新型监管机制的指导意见》	国办发〔2019〕35号	有效
13	《国务院办公厅关于进一步完善失信约束制度构建诚信建设长效机制的指导意见》	国办发〔2020〕49号	有效
14	《国务院办公厅关于印发加强信用信息共享应用促进中小微企业融资实施方案的通知》	国办发〔2021〕52号	有效

续表

序号	文件名称	文号	备注
15	中共中央办公厅、国务院办公厅印发《关于推进社会信用体系建设高质量发展促进形成新发展格局的意见》	国办发〔2022〕25 号	有效
16	《国家发展改革委办公厅 银保监会办公厅关于加强信用信息共享应用推进融资信用服务平台网络建设的通知》	发改办财金〔2022〕229 号	有效

数据来源：根据公开资料整理。

为适应我国社会信用体系建设发展需要，2016 年，国家标准委正式批准成立全国社会信用标准化技术委员会（SAC/TC 470），吸收了国家发展和改革委员会、中国人民银行等 30 余家社会信用体系建设部际联席会主要成员单位代表，统筹负责政务诚信、商务诚信、社会诚信和司法公信领域的信用标准化工作。它的成立开启了社会信用标准化新征程，社会信用标准化建设从此有了组织保障。2023 年 1 月 12 日，第二届全国社会信用标准化技术委员会正式成立。截至 2022 年底，全国社会信用标准化技术委员会共发布信用国家标准 69 项，已立项在研的社会信用国家标准 12 项，正在申报立项的社会信用国家标准 6 项，涵盖基础通用标准、质量信用标准、企业信用标准、电子商务信用标准及信用信息共享标准等领域①。

农村信用体系建设是社会信用体系建设的重要组成部分，中央关于制度标准的决策部署同样适用于农村信用体系建设。党中央、国务院在上述政策文件中对农村信用体系建设作了重要部署，但基本上还是纲领性、原则性要求，与乡村振兴战略下深入开展农村信用体系建设的现实需求还有一定距离。

过去几年，中央有关部门按照党中央、国务院要求围绕农村信用体系建设制度建设方面做了相关部署，尤其是近三年来，中国人民银行、国家发展和改革委员会、银保监会等有关部门加大了对农村信用体系建设顶层制度设计的部署力度，相继出台一系列政策制度和规范性文件，细化了顶层制度设计，完善了农村信用体系建设的制度建设，搭建起农村信用体系建设基本框架（见表 7 - 3）。

---

① 诚信研究. 最新！截至 2022 年底信用国家标准已发布 69 项［EB/OL］.（2023 - 01 - 14）［2023 - 03 - 07］. https：//mp. weixin. qq. com/s/GPoXhb - qFmfMdbPi_ QDtvQ.

表7-3 近三年来有关部门的制度设计

时间	相关政策	主要内容
2020 年 中央一号文件	《中共中央 国务院关于抓好"三农"领域重点工作确保如期实现全面小康的意见》	稳妥扩大农村普惠金融改革试点，鼓励地方政府开展县域农户、中小企业信用等级评价
2021 年 中央一号文件	《中共中央 国务院关于全面推进乡村振兴加快农业农村现代化的意见》	深化供销合作社综合改革，开展生产、供销、信用"三位一体"综合合作试点，健全服务农民生产生活综合平台；明确地方政府监管和风险处置责任，稳妥规范开展农民合作社内部信用合作试点；支持市县构建域内共享的涉农信用信息数据库，用 3 年时间基本建成比较完善的新型农业经营主体信用体系；大力开展农户小额信用贷款、保单质押贷款、农机具和大棚设施抵押贷款业务；鼓励开发专属金融产品支持新型农业经营主体和农村新产业新业态，增加首贷、信用贷
2021 年 4 月	中国银保监会办公厅《关于 2021 年银行业保险业高质量服务乡村振兴的通知》（银保监办发〔2021〕44 号）	加强农村信用体系建设；建立并完善域内涉农信用信息数据平台；开展新型农业经营主体信用建档评级工作，力争在 2023 年底基本实现信用建档评级全覆盖；授信"能授尽授"，合理用信需求得到有效满足，优化农村信用生态环境
2021 年 6 月	《中国人民银行 银保监会 证监会 财政部 农业农村部 乡村振兴局关于金融支持巩固拓展脱贫攻坚成果全面推进乡村振兴的意见》（银发〔2021〕171 号）	因地制宜深入推进农村信用体系建设。继续开展信用户、信用村、信用乡（镇）创建，鼓励开展符合地方实际的农村信用体系建设行动，不断提升乡村治理水平。支持市县构建域内共享的涉农信用信息数据库，用 3 年时间基本建成比较完善的新型农业经营主体信用体系，探索开展信用救助。支持有条件的地区设立市场化征信机构运维地方征信平台，引导市场化征信机构提供高质量的涉农征信服务。进一步完善金融信用信息基础数据库功能，扩大覆盖主体范围。 到 2025 年，金融扶贫成果巩固拓展，脱贫地区和脱贫人口自我发展能力明显增强。金融服务乡村振兴的体制机制进一步健全，信贷、债券、股权、期货、保险等金融子市场支农作用有效发挥，农村信用体系建设深入推进，乡村振兴重点领域融资状况持续改善，金融服务乡村振兴能力和水平显著提升

续表

时间	相关政策	主要内容
2022 年中央一号文件	《中共中央 国务院关于做好 2022 年全面推进乡村振兴重点工作的意见》	深入开展农村信用体系建设，发展农户信用贷款。强化涉农信贷风险市场化分担和补偿，发挥好农业信贷担保作用
2022 年 3 月	《中国人民银行关于做好 2022 年金融支持全面推进乡村振兴重点工作的意见》（银发〔2022〕74 号）	深入推进农村信用体系建设。继续开展"信用户""信用村""信用乡（镇）"创建，完善各级涉农信用信息系统，因地制宜建设地方征信平台，精准识别各类农村经济主体信用状况，以信用建设促进信用贷款投放。积极推进新型农业经营主体信用评价，加快建设新型农业经营主体信用体系。探索开展信用救助，创新信用评价结果运用
2022 年 4 月	《中国银保监会办公厅关于 2022 年银行业保险业服务全面推进乡村振兴重点工作的通知》（银保监办发〔2022〕35 号）	各银保监局要积极推动辖内涉农信用信息数据平台建设，加强部门间信用数据共享，健全农村信用体系。采取有效措施，切实防范涉农领域信用风险，纠正过度授信、违规收费等行为
2023 年 1 月	《中共中央 国务院关于做好 2023 年全面推进乡村振兴重点工作的意见》	加强农业信用信息共享

数据来源：根据公开资料整理。

　　按照近三年来中央及各有关部门发布的政策要求，全国各地纷纷响应，出台与各自省份相适应的省级农村信用体系建设制度政策和规范性文件，作为其辖区范围内开展农村信用体系建设的制度依据（见表 7 - 4）。其中，31 个省（自治区、直辖市）中，据不完全统计，已有 13 个省（自治区、直辖市）由其省人民政府、省农业农村厅或中国人民银行分行等有关部门单独制定或联合发布并实施省级农村信用体系建设顶层制度与规范性文件。

表 7 – 4　13 个省（自治区、直辖市）农村信用体系顶层制度规范性文件汇总

序号	省份	规范性文件名称及文号	发文主体
1	海南	关于深入推进海南省农村信用体系建设的实施意见（琼银发〔2021〕62 号）	中国人民银行海口中心支行　海南省发展和改革委员会　海南省财政厅　海南省地方金融监督管理局　海南省农业农村厅
2	广西	关于农村信用体系建设的实施意见（桂政办发〔2008〕187 号）	广西壮族自治区人民政府办公厅
3	黑龙江	黑龙江省农村信用体系建设工作方案（黑政发〔2014〕26 号）	黑龙江省人民政府
4	北京	实施"三信工程"加强信用户信用村信用镇（乡）建设的指导意见（京政农发〔2004〕18 号）	北京市农村工作委员会、北京市农村信用合作社联合社
5	河北	涉农领域社会信用体系建设管理制度	河北省农业农村厅
6	天津	关于加强天津市农村信用体系建设促进农村地区信用信息信贷联动的通知（津银发〔2021〕83 号）	中国人民银行天津分行、天津市农业农村委员会
7	山西	关于进一步推进全省农业信用体系建设工作的意见（晋农质监发〔2019〕4 号）	山西省农业农村厅
8	山东	关于进一步推进山东省农村信用体系建设的意见	中国人民银行济南分行
9	浙江	关于推进农民专业合作社信用体系建设的意见（浙农经发〔2013〕2 号）	浙江省农业厅、浙江工商局、浙江省农村信用社联合社
10	上海	关于建立本市农资和农产品生产经营主体信用档案管理制度的通知（沪农委〔2017〕273 号）	上海市农业委员会
11	江西	2022 年农业信用体系建设工作实施方案	江西省农业农村厅
12	广东	广东省农产品质量安全信用体系建设采信及评价工作方案（试行）（粤农农规〔2021〕3 号）	广东省农业农村厅
13	湖南	湖南省农业农村厅社会信用体系建设工作规则（湘农办法〔2020〕34 号）	湖南省农业农村厅办公室

数据来源：根据公开资料整理。

　　尽管成绩斐然，但从整体上来看，现阶段顶层制度设计跟不上乡村振兴战略背景下"产业兴旺、生态宜居、乡风文明、治理有效、生活富裕"对农村信用体系建设提出的新要求，在顶层设计、法律法规、信息共享与应用、信用奖惩、信用建设环境方面还有一道又一道的关卡需要攻坚克难。为加快农村信用体系建设制度规范步伐，应从以下方面着手。

　　一是坚持制度先行，规范发展。鼓励、支持各地方及各有关部门加快推进农村信用体系建设顶层制度及配套政策文件的出台，根据各地农村经济实际发展需要，因地制宜地制定农村信用体系建设规章制度、规范性文件，不断完善涉农信用信息采集、归集、共享与应用制度标准建设。

　　二是以问题为导向，鼓励地方先行先试，积极探索经验。农村信用体系建设现在处于初级发展阶段，面临许多新问题、新情况，特别是在乡村振兴战略背景下，应鼓励地方对当前农村信用体系建设过程中存在的问题做积极探索，在如何处理好涉农信用信息采集、归集与保障涉农信用主体合法权益的关系、如何协调好各有关部门的职责分工、如何确保守信激励与失信惩戒的认定与程序等方面下工夫，促进农村信用体系建设逐步走上规范化轨道。

　　三是加大农村信用体系建设的标准体系建设。目前全国社会信用标准化技术委员会制定的国家标准很少聚焦农村信用体系建设，建议加大农村信用体系标准体系建设，推动农村信用体系建设方面国家标准、行业标准、地方标准等多层次标准体系建设。

第三节　信息化

　　信用信息归集共享是社会信用体系建设的基础和关键。信用信息归集共享是打破"信息孤岛"、破除"信息壁垒"、解决"信息烟囱"的重要基础。

　　党中央、国务院历来高度重视信用信息共享工作，围绕信用信息共享作出一系列决策部署。中共中央办公厅、国务院办公厅印发《关于推进社会信用体系建设高质量发展促进形成新发展格局意见》明确提出，健全信用基础设施。统筹推进公共信用信息系统建设。加快信用信息共享步伐，构建形成覆盖全部信用主体、所有信用信息类别、全国所有区域的信用信息网络，建立标准统一、权威准确的信用档案。充分发挥"信用中国"网站、国家企业信用信息公示系统、事业单位登记管理网站、社会组织信用信息公示平台的信息公开作用。进一步完善金融信用信息基础数据库，提高数据覆盖面和质量①。

2020 年至 2022 年，信用信息共享连续被写入中央政府工作报告，显示出中央政府对推进信用信息共享的决心。2020 年政府工作报告提出，促进涉企信用信息共享②；2021 年政府工作报告指出，加快信用信息共享步伐③；2022 年政府工作报告明确提出，推进涉企信用信息共享，加快税务、海关、电力等单位与金融机构信息联通，扩大政府性融资担保对小微企业的覆盖面，努力营造良好融资生态，进一步推动解决实体经济特别是中小微企业融资难题④。

此外，国务院及社会信用体系建设牵头部门相继发布文件，对加强信用信息共享应用提出具体要求。2021 年，《国务院办公厅关于印发加强信用信息共享应用促进中小微企业融资实施方案的通知》（国办发〔2021〕52 号）明确提出，进一步整合市场主体注册登记、行政许可、行政处罚、司法判决及执行、严重失信主体名单、荣誉表彰、政策支持等公共信用信息，不断提高数据准确性、完整性和及时性。以中小微企业、个体工商户融资业务需求为导向，在依法依规、确保信息安全的前提下，逐步将纳税、社会保险费和住房公积金缴纳、进出口、水电气、不动产、知识产权、科技研发等信息纳入共享范围，打破"数据壁垒"和"信息孤岛"⑤。《全国公共信用信息基础目录（2022 年版）》明确了按照有关法律、行政法规和党中央、国务院政策

---

① 新华社. 中共中央办公厅　国务院办公厅印发《关于推进社会信用体系建设高质量发展促进形成新发展格局的意见》［EB/OL］.（2022 – 03 – 29）［2022 – 11 – 10］. http：//www. gov. cn/zhengce/2022 – 03/29/content_5682283. htm.

② 新华社. 2020 年政府工作报告（全文）［EB/OL］.（2022 – 05 – 30）［2022 – 11 – 10］. https：//baijiahao. baidu. com/s？id＝1668095110513176593&wfr＝spider&for＝pc.

③ 新华社. 2021 年政府工作报告（全文）［EB/OL］.（2021 – 03 – 13）［2022 – 11 – 10］. https：//mp. weixin. qq. com/s？__biz＝MzA3NDg1MjQxMA＝＝&mid＝2651775754&idx＝1&sn＝afa842b6fa8bd605001a737579c52170&chksm＝8483325fb3f4bb492e68a2c885b1300e772eb2b85e3d47f0f9a2f021675cff841e836b84951d&scene＝27.

④ 新华社. 2022 年政府工作报告（全文）［EB/OL］.（2022 – 04 – 12）［2022 – 11 – 10］. http：//jiangda. changdu. gov. cn/jdx/c105703/202204/394b2cb7ebb14028ae6ec4d4b45d7997. shtml.

⑤ 国务院办公厅. 国务院办公厅关于印发加强信用信息共享应用促进中小微企业融资实施方案的通知［EB/OL］.（2021 – 12 – 29）［2022 – 11 – 10］. http：//www. gov. cn/gongbao/content/2022/content_5669422. htm.

文件，应当纳入公共信用信息范围的十二类信息①。

目前，承接信用信息共享功能的国家级平台主要有三个：国家发展和改革委员会承建的全国信用信息共享平台，国家市场监督管理总局承建的国家企业信用信息公示系统以及中国人民银行承建的金融信用信息基础数据库。此外，其他社会信用体系建设部际联席会议成员单位在其各自领域搭建起了各领域、各行业的信息化、数字化平台。

过去几年，全国信用信息归集共享质量稳步提升。截至 2020 年底，统一社会信用代码基本实现全覆盖。全国信用信息共享平台已联通 46 个部门和 31 个省（自治区、直辖市），累计归集各类信息超 710 亿条，基本形成覆盖全部市场主体、所有信息信用类别、全国所有区域的信用信息网络；截至 2022 年底，人民银行金融信用信息基础数据库共收录 11.6 亿自然人，1 亿户企业及其他组织。个人征信和企业征信业务分别接入放贷机构 5328 家和 5115 家。② 截至 2022 年 8 月末，在人民银行分支机构备案的企业征信机构 136 家，已实现企业注册登记等公开信息的全覆盖，仅 2022 年前 8 个月累计提供信用评分、反欺诈、企业画像、联合建模、决策支持等征信产品征信服务就达 52 亿次。截至 2022 年 8 月末，全国备案评级机构 55 家，标普、惠誉等知名外资评级机构以独资形式进入中国市场③。截至 2018 年 9 月底，市场监管总局国家企业信用信息系统已归集政府部门涉企信息超过 6.29 亿条④。

农村信用体系建设是社会信用体系建设的重要组成部分，信用信息共享也是农村信用体系建设的基础和关键。党中央、国务院及各有关部门对此也曾作了系列部署：早在 2009 年，《中国人民银行关于推进农村信用体系建设工作的指导意见》（银发〔2009〕129 号）明确提出，推进农户电子信用档案建设。组织农村地区金融机构，根据当地农村经济特点，因地制宜、科学

① 国家发展改革委，人民银行. 关于印发《全国公共信用信息基础目录（2022 年版）》和《全国失信惩戒措施基础清单（2022 年版）》的通知. （发改财金规〔2022〕1917 号）[A/OL]. （2022 - 12 - 28）[2023 - 04 - 15]. https://www.ndrc.gov.cn/xxgk/zcfb/ghxwj/202212/t20221230_1345067_ext.html.
② 中国人民银行征信中心. 征信中心 2022 年主要工作 [EB/OL]. （2023 - 02 - 24）[2023 - 03 - 07]. https://mp.weixin.qq.com/s/lEdpWXRZaUa3SgSFg7RUkQ.
③ 中国人民银行征信管理局. 建设覆盖全社会的征信体系 [EB/OL]. （2022 - 10 - 10）[2022 - 11 - 10]. 资料来源：https://mp.weixin.qq.com/s/2MsJGXhrcAUOcJXYTGKBdA.
④ 林丽鹏. 企业失信，"一张网"告天下 [N]. 人民日报，2018 - 11 - 19 (11).

合理设计涵盖农户基本信息、生产经营、主要收入来源、住房结构等信息的
农户信用信息指标，充分考虑农村金融机构的业务需求和现有设施的情况，
从信用条件较好的地区、贷款农户或种养植大户入手，按照先易后难、稳步
推进的原则，依托农村地区金融机构现有的客户管理系统，充分利用财政、
农业主管部门等地方政府部门掌握的农户信息，建立农户电子信用档案，推
进电子化农户信用档案建设，推动建立农村信用信息共享机制。《中国人民
银行关于加快小微企业和农村信用体系建设的意见》（银发〔2014〕37 号）
明确提出，信用信息征集是农村信用体系建设的基础，要采取多种方式完善
信用信息征集体系。加强组织领导，推动各相关部门建立和完善农户等经济
主体的信息记录；根据《农村信用体系建设基本数据项指引》（银办发
〔2013〕62 号），结合当地农户等经济主体的特点和信息分布情况，确定采集
指标体系；完善信息征集机制，采取数据报送、直接征集、信息系统联网共
享等多种方式征集信息。

在《农村信用体系建设基本数据项指引》（银办发〔2013〕62 号）指引
下，一些地方结合当地实际，科学合理确定了信息采集数据项。如 2016 年 8
月，湖北省社会信用体系建设领导小组办公室印发《关于全面推进湖北省农
村信用体系建设的指导意见》确定了农村经济主体信用信息采集渠道和方式
（见表 7 - 5）。

表 7 - 5 湖北省农村经济主体信用信息采集渠道和方式

采集渠道	可采集的数据项	信息传输途径	备注
农村网格化管理系统	农户户主信息、家庭成员信息、农户房屋信息、土地经营权及山林权证信息、生产及运输设备信息（家庭车辆信息）等	农村网格化管理专用网络	未建立全省统一的系统，各地可能存在差异
当地信用信息公共服务平台	农户及新型农业经营主体行政许可、行政处罚信息等	当地电子政务网	各地平台建设进度存在差异
扶贫办建档立卡信息系统	农户户主信息、家庭成员信息、家庭收入信息、家庭支出信息、开户行信息、土地经营权及林地水面承包信息、贫困属性信息、主要致贫原因信息等	当地电子政务网	全省建立了统一的系统，各地可管理本地数据

续表

采集渠道	可采集的数据项	信息传输途径	备注
工商管理部门的企业信用信息公示系统	新型农业经营主体登记注册信息、年度经营信息、行政处罚信息等	当地电子政务网	不含未登记注册的专业大户
新型农业经营主体主管部门	新型农业经营主体基本信息、经营规模信息、相关评先评优信息等	当地电子政务网	各地主管部门和系统建设情况存在差异
涉农银行机构信贷管理系统	农户户主信息、家庭成员信息、家庭生产经营信息、家庭收入信息、家庭支出信息、信用评定信息、授信（贷款）信息、农户担保信息等；新型农业经营主体基本信息、年度经营信息、信用评定信息、授信（贷款）信息等	人民银行金融网间互联平台	有信贷关系的信贷农户和新型农业经营主体的信息比较完整
涉农保险机构业务管理信息系统	农村经济主体参保信息（投保种类、保险金额、参保时间等）等	农村网格化管理专用网络	仅覆盖参保农村经济主体
村级惠农金融服务站、农村网格化网格员	农户户主信息、家庭成员信息、农户房屋信息、土地经营权及山林权证信息、生产及运输设备信息、家庭生产经营信息、家庭收入信息、家庭支出信息、农户社会诚信及违法违规信息等	农村网格化管理专用网络	手工采集、录入或导入系统，采集信息的灵活性较大，可囊括所有无法通过系统批量采集的信息

数据来源：根据公开资料整理。

近年来，有关部门加大了农村信用信息共享工作的部署力度。2020年9月，农业农村部会同银保监会研究推进银行业金融机构与新型农业经营主体信息直报系统的信息共享，推动涉农信用信息整合，为根据涉农主体经营情况发放不同额度的信用贷款提供支撑①。

2021年4月，银保监会印发《中国银保监会办公厅关于2021年银行业

① 农业农村部. 对十三届全国人大三次会议第2194号建议的答复［EB/OL］.（2020-09-10）［2022-11-10］. http://www.moa.gov.cn/govpublic/XZQYJ/202009/t20200910_6351841.htm.

保险业高质量服务乡村振兴的通知》（银保监办发〔2021〕44号）① 提出，各级监管部门要推动地方政府在有条件的地区建立并完善域内涉农信用信息数据平台，整合财税、农业农村、市场监管、林业、气象、社保等部门的涉农信用信息和风险信息，不断提高涉农金融信息化发展水平。切实提高信用信息平台数据的准确性、完整性，努力在信息查询、供需对接、抵押登记等方面为供需双方提供便利。

2021年6月，《中国人民银行 银保监会 证监会 财政部 农业农村部 乡村振兴局联合发布关于金融支持巩固拓展脱贫攻坚成果全面推进乡村振兴的意见》（银发〔2021〕171号）② 提出，支持市县构建域内共享的涉农信用信息数据库，用3年时间基本建成比较完善的新型农业经营主体信用体系，探索开展信用救助。支持有条件的地区设立市场化征信机构运维地方征信平台，引导市场化征信机构提供高质量的涉农征信服务。进一步完善金融信用信息基础数据库功能，扩大覆盖主体范围。

2021年8月，《农业农村部办公厅关于开展2021年度金融支农创新试点的通知》（农办计财〔2021〕35号）明确提出，地方农业农村部门应切实承担统筹责任，与相关部门和试点金融机构建立协作机制，共同梳理整合农业农村、财税、市场监管、林业、气象、社保等涉农信用信息，获取家庭农场、农民专业合作社等新型农业经营主体名录、项目清单、承保理赔、土地承包经营权确权登记颁证等相关数据，依法依规开展涉农信息数据共享③。

2021年11月12日，《国务院关于印发"十四五"推进农业农村现代化规划的通知》（国发〔2021〕25号）④ 提出，支持涉农信用信息数据库建设，

① 中国银保监会办公厅关于2021年银行业保险业高质量服务乡村振兴的通知［EB/OL］.（2021 – 04 – 02）［2022 – 11 – 10］. http：//www.cbirc.gov.cn/cn/view/pages/govermentDetail.html? docId = 976139&itemId = 878&generaltype = 1.

② 中国人民银行，银保监会，证监会，财政部，农业农村部，乡村振兴局关于金融支持巩固拓展脱贫攻坚成果 全面推进乡村振兴的意见（银发〔2021〕171号）［EB/OL］.（2021 – 07 – 02）［2022 – 11 – 10］. http：//nrra.gov.cn/art/2021/7/2/art_624_190648.html.

③ 农业农村部办公厅关于开展2021年度金融支农创新试点的通知［EB/OL］.（2021 – 12 – 02）［2022 – 11 – 10］. http：//www.moa.gov.cn/nybgb/2021/202109/202112/t20211202_6383528.htm.

④ 国务院关于印发"十四五"推进农业农村现代化规划的通知（国发〔2021〕25号）［EB/OL］.（2022 – 02 – 11）［2022 – 11 – 10］. http：//www.gov.cn/zhengce/zhengceku/2022 – 02/11/content_5673082.htm.

基本建成新型农业经营主体信用体系。

《中国人民银行关于做好 2022 年金融支持全面推进乡村振兴重点工作的意见》(银发〔2022〕74 号) 明确提出，完善各级涉农信用信息系统，因地制宜建设地方征信平台，精准识别各类农村经济主体信用状况，以信用建设促进信用贷款投放。积极推进新型农业经营主体信用评价，加快建设新型农业经营主体信用体系①。

各地响应上述文件要求，涌现出了大量的好经验、好做法。如人民银行武汉分行和湖北省地方金融监管局秉持"金融为民"的初心，发布《关于加快对银行开放共享涉企政务信息的通知》，走出了一条"信息共享 + 平台建设"数据赋能提升普惠金融服务水平的武汉模式；江苏省句容市建立了全省首个面向"三农"的信用信息平台，加快了普惠金融赋能乡村振兴金融惠企；浙江省丽水市建立"标准化"信息共享机制，构筑信用引流信贷资金"高速路"等。

在有关部门和地方的大力推动下，农村信用信息共享工作也取得了积极进展，农户信用档案不断完善。截至 2021 年第一季度末，全国共为 1.88 亿户农户建立信用档案，其中开展信用评定的农户达 1.28 亿户②。

未来，农村信用体系建设信息化可以从以下方面着手。

一是充分运用大数据、物联网、云计算、人工智能等新技术，推动涉农信用信息平台一体化建设和涉农信用信息系统优化升级，促进涉农信用信息和信用产品的开发利用。在涉农信用信息采集、归集方面，由强调归集数量向归集质量和信用信息应用需求质量的提高转变，丰富涉农信用信息归集的手段，利用数据挖掘技术等先进的数据处理技术，实现信用数据的自动化、批量化归集，对数据进行智能化、精准化比对、清洗和更新，确保信用数据准确、实时、全面。

二是重点搭建农村信用融资对接平台，促进涉农信用信息的深度应用。

---

① 中国人民银行. 人民银行印发关于做好 2022 年金融支持全面推进乡村振兴重点工作的意见 [EB/OL]. (2022－03－30)［2022－11－10］. http：//www. pbc. gov. cn/goutongjiaoliu/113456/113469/4519524/index. html.

② 农业农村部. 对十三届全国人大四次会议第 5058 号建议的答复摘要［EB/OL］. (2021－08－16)［2022－11－10］. http：//www. moa. gov. cn/govpublic/XZQYJ/202108/t20210816_6374106. htm.

依托全国信用信息共享平台、全国中小企业融资综合信用服务平台与地方各级融资信用服务平台开展支农融资工作，加快推进涉农信用信息的共享和应用，为农户、村民、农村经济组织、金融机构等建立融资对接平台，通过信息登记、信贷产品展示、融资交互平台、信用公示等功能模块，提高银政、银农、银企对接效率，为最终走向农村信用体系建设数字化方向提供信息化支撑，真正实现"数字乡村"对数字化的高要求。

三是加快推动涉农信用信息由零散到一体化的转变，实现局部联通、有限共享向全面联通、充分共享的转变。目前，涉农信用信息中关于金融信用信息基础数据主要集中在中国人民银行和各地分行，应当逐步建立健全覆盖全面的涉农信用信息体系，建立统一的涉农信用信息目录标准、系统建设标准、信息安全技术标准和信用行业服务标准，建立覆盖所有涉农信用主体信用档案，提升信用信息归集整合力度与质量水平。加快构建全国一体化涉农信用信息系统和平台。联通全国信用信息共享平台、国家企业信用信息公示系统、金融信用信息基础数据库，深入推进各大平台的业务协同和信息共享合作。

第四节　应用化

信用奖惩机制是应用化的具体体现。守信激励和失信惩戒机制是社会信用体系运行的核心机制，在推进简政放权、转变政府职能，构建以信用为基础的新型监管机制，加强和创新社会治理，优化营商环境等方面发挥了积极作用。通过综合运用司法、行政、市场、行业和社会机制对信用主体作出综合性奖惩，信用奖惩机制实现了"守信者一路绿灯、失信者处处受限""对守法者无事不扰，对违法者利剑高悬"的目标。

近年来，党中央、国务院高度重视社会信用体系建设工作并明确提出，要从更多维度、更深层次、更广范围推动构建守信联合激励和失信联合惩戒大格局。习近平总书记在中共中央政治局第 37 次集体学习时强调，对突出的诚信缺失问题，既要抓紧建立覆盖全社会的征信系统，又要完善守法诚信褒奖机制和违法失信惩戒机制，使人不敢失信、不能失信。在中央全面深化改革领导小组第 25 次会议上，习近平总书记着重强调，要构建"一处失信、处处受限"的信用惩戒大格局，让失信者寸步难行①。

近年来，党中央、国务院围绕守信激励和失信惩戒机制建设作出一系列重要部署。

《国务院关于建立完善守信联合激励和失信联合惩戒制度加快推进社会诚信建设的指导意见》（国发〔2016〕33号）明确提出，加强信用信息公开和共享，依法依规运用信用激励和约束手段，构建政府、社会共同参与的跨地区、跨部门、跨领域的守信联合激励和失信联合惩戒机制，促进市场主体依法诚信经营，维护市场正常秩序，营造诚信社会环境②。

《国务院办公厅关于加快推进社会信用体系建设构建以信用为基础的新型监管机制的指导意见》（国办发〔2019〕35号）明确提出，健全失信联合惩戒对象认定机制，深入开展失信联合惩戒。加快构建跨地区、跨行业、跨领域的失信联合惩戒机制，从根本上解决失信行为反复出现、异地出现的问题。依法依规建立联合惩戒措施清单，动态更新并向社会公开，形成行政性、市场性和行业性等惩戒措施多管齐下，社会力量广泛参与的失信联合惩戒大格局③。

《国务院办公厅关于进一步完善失信约束制度　构建诚信建设长效机制的指导意见》（国办发〔2020〕49号）提出，坚持遵循法治轨道，着力构建诚信建设长效机制，按照依法依规、保护权益、审慎适度、清单管理的总体思路，进一步规范和健全失信行为认定、记录、归集、共享、公开、惩戒和信用修复等机制，推动社会信用体系迈入高质量发展的新阶段。

中共中央办公厅、国务院办公厅印发《关于推进社会信用体系建设高质量发展促进形成新发展格局的意见》提出，建立健全信用承诺、信用评价、信用分级分类监管、信用激励惩戒、信用修复等制度。编制全国统一的公共

① 何玲等．奖惩杠杆撬动信用中国——国家发展改革委协同联动全力推进联合奖惩备忘录工作纪实［J］．中国信用，2017（10）：17．

② 国务院关于建立完善守信联合激励和失信联合惩戒制度加快推进社会诚信建设的指导意见（国发〔2016〕33号）［EB/OL］．（2016-06-12）［2022-11-10］．http：//www.gov.cn/zhengce/content/2016-06/12/content_5081222.htm．

③ 国务院办公厅关于加快推进社会信用体系建设构建以信用为基础的新型监管机制的指导意见［EB/OL］．（2019-07-16）［2022-11-10］．http：//www.gov.cn/zhengce/content/2019-07/16/content_5410120.htm．

信用信息基础目录和失信惩戒措施基础清单，准确界定信用信息记录、归集、共享、公开范围和失信惩戒措施适用范围。根据失信行为性质和严重程度，采取轻重适度的惩戒措施，确保过惩相当。

为加快形成"一处失信、处处受限"的信用惩戒大格局，社会信用体系建设牵头部门联合有关单位分阶段开展守信联合激励和失信联合惩戒工作。

第一阶段标志为 2016 年印发实施《国务院关于建立完善守信联合激励和失信联合惩戒制度加快推进社会诚信建设的指导意见》（国发〔2016〕33号），重点以有关部门签署的联合奖惩备忘录为手段开展守信联合激励和失信联合惩戒工作。截至 2019 年 3 月底，各部门共签署 51 个联合奖惩合作备忘录，联合惩戒备忘录 43 个，联合激励备忘录 5 个，既包括联合激励又包括联合惩戒的备忘录 3 个[①]。实践证明，以联合奖惩备忘录为手段的联合奖惩机制取得了良好效果。根据 2018 年 7 月 17 日国家发展和改革委员会宏观经济运行情况发布会上发布的数据，关于社会信用体系建设进展情况，联合奖惩措施持续显威。在法院执行领域，截至 2018 年 6 月底，全国法院累计发布失信被执行人名单 1123 万例，累计限制购买机票 1222 万人次，限制购买动车高铁票 458 万人次，限制担任企业法定代表人、董事、监事和高管 28 万人次，280 万失信被执行人慑于信用惩戒主动履行义务。随着联合惩戒作用日益凸显，失信被执行人自动履行率逐步提高，失信名单数呈下降趋势。在税收征管领域，各级税务机关累计公布税收违法"黑名单"案件 10340 件，2018 年上半年共新增公布 2781 件。各级税务机关共对"黑名单"当事人实施惩戒 1.5 万户次[②]。

第二阶段标志为 2020 年 12 月印发实施《国务院办公厅关于进一步完善失信约束制度构建诚信建设长效机制的指导意见》（国办发〔2020〕49 号），重点以目录清单制推进守信激励和失信惩戒工作，规定由社会信用体系建设

[①] 国家公共信用信息中心. 国家公共信用信息中心发布 3 月份新增失信联合惩戒对象公示及公告情况说明［EB/OL］.（2019 - 04 - 01）［2022 - 11 - 10］. https：//www.creditchina.gov.cn/toutiaoxinwen/201904/t20190401_151475.html.

[②] 中国网. 发展改革委就宏观经济运行情况举行发布会［EB/OL］.（2018 - 07 - 17）［2022 - 11 - 10］. http：//www.gov.cn/xinwen/2018 - 07/17/content_5307416.htm#1.

部际联席会议牵头单位①会同有关部门依法依规编制并定期更新全国公共信用信息基础目录，各地依据地方性法规，参照全国公共信用信息基础目录的制定程序，制定适用于本地的公共信用信息补充目录；社会信用体系建设部际联席会议牵头单位会同有关部门依法依规编制并定期更新全国失信惩戒措施基础清单，各地依据地方性法规，参照全国失信惩戒措施基础清单制定程序，制定适用于本地的失信惩戒措施补充清单，这为今后依法依规开展守信激励与失信惩戒工作提供了指南，信用奖惩机制为降低交易成本产生极大作用，进而有效地解决了失信频发高发问题。

守信激励和失信惩戒机制取得积极成效。2022年6月23日，时任中国人民银行副行长陈雨露在中宣部"中国这十年"系列主题新闻发布会上答记者问时表示，党的十八大以来，人民银行创新结构性货币政策工具，有效发挥牵引带动作用。特别是针对新冠肺炎疫情对小微企业的巨大冲击，人民银行推出了两项直达工具，累计支持中小微企业贷款延期还本付息已达13.1万亿元，发放普惠小微信用贷款10.3万亿元②。2023年3月7日下午，十四届全国人大一次会议在人民大会堂举行第二次全体会议，最高人民法院院长周强向大会作最高人民法院工作报告。最高人民法院工作报告提出，五年来，人民法院受理执行案件4577.3万件，执结4512.1万件，执行到位金额9.4万亿元，2022年首次突破2万亿元。联合信用惩戒体系让失信被执行人"一处失信、处处受限"，918万人迫于信用惩戒压力主动履行了义务。③

农村信用体系建设是社会信用体系建设的重要组成部分，中央关于守信

---

① 我国于2007年建立了国务院社会信用体系建设部际联席会议制度。根据2012年《国务院关于同意调整社会信用体系建设部际联席会议职责和成员单位的批复》（国函〔2012〕88号），同意调整社会信用体系建设部际联席会议成员单位和主要职责。联席会议牵头单位为国家发展和改革委员会、中国人民银行，召集人由国家发展和改革委员会主任和中国人民银行行长担任。自此，国家层面，社会信用体系建设双牵头单位正式由国家发展和改革委员会和中国人民银行担任，统筹推进全国社会信用体系建设等工作；地方层面，截至2022年11月底，31个省（自治区、直辖市）社会信用体系建设牵头部门除了北京市经信局、黑龙江营商环境建设局、河北省政务服务办、吉林省政数局等，其他省（自治区、直辖市）市均由省级发展改革部门作为社会信用体系建设牵头部门，会同中国人民银行地方分行统筹推进省域范围内社会信用体系建设工作。

② 光明网. 中国这十年丨小微企业融资难融资贵得到明显改善［EB/OL］.（2022－06－24）［2022－11－10］. https：//m. gmw. cn/baijia/2022－06/24/1303012917. html.

③ 中国法院网. 五年来人民法院执行到位金额9.4万亿元［EB/OL］.（2023－03－07）［2023－03－07］. https：//www. chinacourt. org/article/detail/2023/03/id/7178572. shtml.

激励和失信惩戒机制的决策部署同样适用于农村信用体系建设。过去几年，中央在推进农村信用体系建设过程中，守信激励和失信惩戒机制方面体现出激励为主、惩戒为辅的特点，在发展农户信用贷款、守信激励、失信惩戒等方面作出明确部署。

一是各地落实国家关于农村信用体系建设部署。2022 年中央一号文件明确提出，深入开展农村信用体系建设，发展农户信用贷款；2021 年中央一号文件明确提出，大力开展农户小额信用贷款、保单质押贷款、农机具和大棚设施抵押贷款业务。鼓励开发专属金融产品支持新型农业经营主体和农村新产业新业态，增加首贷、信用贷；《国家发展改革委等部门关于做好 2022 年降成本重点工作的通知》（发改运行〔2022〕672 号）明确提出，保持普惠性再贷款、再贴现政策稳定性，继续对涉农、小微企业、民营企业提供普惠性、持续性的资金支持。用好普惠小微贷款支持工具，增加支农支小再贷款，优化监管考核，推动普惠小微贷款明显增长、信用贷款和首贷户比重继续提升。

二是地方农村信用体系建设过程中，守信激励措施成效显著，涌现出大量的地方经验与地方案例。如重庆市引导辖内农村中小银行机构聚焦"差异化"，逐家逐户上门服务，通过"贴底气"的服务方式，拉近与农户的距离、掌握"三农"活动情况的同时，因地制宜、分类施策创新信贷模式。针对农业气候影响大、经营风险高的特点，指导机构探索"银行＋保险"协作模式，创新"银行＋企业信用＋政策性保险""银行＋政策性保险＋商业保险"等多种融资模式，平衡经营风险；针对农业抵押难、抵押物价值不足的特点，指导机构加大信用贷款投放力度，全辖区农村中小银行机构信用贷款占比15%[1]。天津农村产权交易所建立农村金融专区，解决农村经营主体融资难的问题，推出信用贷款、收益权质押贷款、履约保证保险等金融产品，提高经营主体获取贷款产品信息的效率，解决市场参与主体的资金需求[2]。江苏发文要求优化农村金融供给，实施《中国银保监会江苏监管局关于优化金融供给增强服务效能深化"四保障六提升"行动的意见》，明确提出继续保持

---

[1] 朱俊洁. 重庆加码"三农"金融服务　助力农业农村改革和乡村振兴 [EB/OL]. (2022 – 06 – 28) [2022 – 11 – 10]. http：//www.moa.gov.cn/xw/qg/202206/t20220628_6403610.htm.

[2] 杨子炀，孙玲玲. 天津设施农业成交规模达 1.77 亿 [EB/OL]. (2022 – 06 – 13) [2022 – 11 – 10]. http：//www.moa.gov.cn/xw/qg/202206/t20220613_6402330.htm.

全省普惠型小微企业贷款增速和户数"两增",深入推进首贷扩面专项行动,提高普惠型小微企业信用贷款占比,努力提升小微企业贷款户中首贷户的比重,推动2022年新发放普惠型小微企业贷款利率较上年有所下降①。山东省寿光市为持续拓宽涉农主体融资渠道,撬动放大乡村振兴金融供给,创新"信用农业"五项机制,深化财政金融政策融合,构建了文明信用、数据分析、无形资产、担保增信等资源协同作用的综合金融服务体系。基于"文明信用户"评定工作,对975个村开展"整村授信",支持银行根据村民信用等级进行授信,最高可提供30万元信用额度;寿光市财政局出台涉农贷款风险补偿政策,对参与整村授信的金融机构,按照贷款损失的1.5%~3%给予风险补偿,鼓励金融机构持续加大涉农信贷投放。截至2021年底,寿光市975个村庄全部完成"整村授信",签约农户17.2万户,授信223.8亿元,累计发放信用贷款180.7亿元,较试点前增加135.4亿元,增幅高达298%②。

三是地方农村信用体系建设对失信惩戒机制进行积极探索。《农业农村部关于推进农业经营主体信贷直通车常态化服务的通知》(农计财发〔2022〕4号)要求"探索联合开展失信惩戒,支持依法合规、积极稳妥做好贷款风险防控、清收处置等工作"③。农业农村部等七部门联合印发《关于保护种业知识产权打击假冒伪劣套牌侵权营造种业振兴良好环境的指导意见》指出"实施信用风险分类监管,健全失信联合惩戒机制。建立市场主体'黑名单'制度,将有严重违法和犯罪等行为的企业纳入'黑名单'"④。农业农村部等七部门联合印发《2022年全国农资打假和监管工作要点》要求"完善农资违法失信联合惩戒机制,推进农资生产经营主体信用状况与行政许可审批、项

---

① 农村农业部.江苏:力争2022年底前基本完成全省新型农业经营主体信用建档评级全覆盖 [EB/OL]. (2022 – 06 – 09) [2022 – 11 – 10]. http://www.moa.gov.cn/ztzl/naxy/dfdt/202206/t20220609_6402064.htm.

② 农村农业部.山东寿光:创新"信用农业"五项机制支持乡村振兴 [EB/OL]. (2022 – 06 – 09) [2022 – 11 – 10]. http://www.moa.gov.cn/ztzl/naxy/dfdt/202206/t20220609_6402063.htm.

③ 农业农村部.关于推进农业经营主体信贷直通车常态化服务的通知 [EB/OL]. (2022 – 06 – 07) [2022 – 11 – 10]. http://www.moa.gov.cn/nybgb/2022/202204/202206/t20220607_6401743.htm.

④ 农村农业部.关于保护种业知识产权打击假冒伪劣套牌侵权营造种业振兴良好环境的指导意见 [EB/OL]. (2022 – 06 – 07) [2022 – 11 – 10]. http://www.moa.gov.cn/nybgb/2022/202204/202206/t20220607_6401744.htm.

目申报、资格审查、评优奖励等挂钩，依法依规对严重失信主体实行'黑名单'管理①"，按照上述文件精神要求，地方围绕失信惩戒作出积极探索并取得明显成效。如山东省泰安市岱岳区范镇依托美丽乡村示范区建设，持续推进信用村居建设，创新开展"信用＋"融合模式，将"信用"元素与基层重点工作融合嫁接，建立健全范镇农产品质量安全信用体系，加快构建差异化监管模式，督促农产品生产主体和农业投入品生产经营主体落实主体责任，建立健全农产品质量安全守信激励和失信惩戒机制，制定符合范镇的农产品质量安全信用分级分类管理制度。对全镇62家合作社进行评估，按市场主体质量安全信用等级划分，从高到低分为A＋、A、B、C、D、D－六个等级，依据其信用等级分为诚信守法、轻微失信、一般失信、严重失信四个大类；江苏省在组织省级现代农业发展等专项申报中，明确要求审核信用情况，严重失信单位不得承担项目。

尽管各地取得了一定成绩，但距离党中央、国务院要求和乡村振兴战略的要求还有很长的距离，未来信用奖惩机制建设在农村信用体系建设中任重道远。推进应用化可以从以下几方面实施。

一是夯实涉农信用奖惩基础系统建设，推动信用奖惩系统嵌入各有关信用信息平台和系统中，为农户、村民开展信用监测预警，拓展涉农信用风险监测应用场景。加强农户、村民信用承诺信息共享，建立完善违背信用承诺投诉举报和失信惩戒渠道。

二是以应用为导向依法推进涉农信用信息有序开放共享。统一涉农信用信息开放标准，以应用为导向，推动各有关部门依据不同场景依法依规开放共享涉农信用信息，实现奖惩场景多元化。

三是加强农户信用评价的综合应用。对涉农信用主体进行信用评分分析、监测预警分析、信用评价分析、金融风险分析等，实现高准确度、高可解释性、快速迭代的动态画像与信用评估，同时，在涉及农户、村民的生产、生活等方方面面中，深度应用涉农信用评价，扩展场景应用。

① 农业农村部，最高人民法院，最高人民检察院，工业和信息化部，公安部，国家市场监督管理总局，中华全国供销合作总社. 关于印发《2022年全国农资打假和监管工作要点》的通知 [EB/OL]. (2022－05－09)［2022－11－10］. http：//www.moa.gov.cn/govpublic/ncpzlaq/202206/t20220610_6402110.htm.

第五节 小 结

本章围绕"法治化、规范化、信息化、应用化"这四个农村信用体系建设中的关键要素展开了深入分析，并结合这四个关键要素提出建议。

法治化方面，建议加快制定农村信用体系建设上位法，制定农村信用基础性法律法规；制修法过程中适当增加农村信用体系建设相关内容；鼓励条件成熟或已经取得显著成效的试点地方大胆探索、先行先试，鼓励在其相应的社会信用地方性法规、地方政府规章中加入农村信用体系建设具体条款；农业农村部等有关部门研究制定关于农村信用信息采集、归集、公开、共享与应用、守信激励与失信惩戒等方面的法律依据。

规范化方面，建议坚持制度先行，规范发展；以问题为导向，鼓励地方先行先试，积极探索经验；加大农村信用体系建设的标准体系建设。

信息化方面，建议充分运用大数据、物联网、云计算、人工智能等新技术，推动涉农信用信息平台一体化建设和涉农信用信息系统优化升级，促进涉农信用信息和信用产品的开发利用；重点搭建农村信用融资对接平台，促进涉农信用信息的深度应用；加快推动涉农信用信息由零散到一体化的转变。

应用化方面，建议夯实涉农信用奖惩基础系统建设，推动信用奖惩系统嵌入各有关信用信息平台和系统中，为农户、村民开展信用监测预警，拓展涉农信用风险监测应用场景；以应用为导向依法推进涉农信用信息有序开放共享；加强农户信用评价的综合应用。

第八章　农村信用体系建设实施路径

农村信用体系建设实施路径应当从加强组织领导、完善法规制度、打造涉农信用信息平台、健全信用评价指标体系、打造信用应用场景以及营造良好诚信氛围等方面推进，本章围绕上述六个方面内容展开深入分析，为今后各地探索和开展农村信用体系建设提供参考。

第一节　加强组织领导并因地制宜选择发展模式

农村信用体系建设的顶层制度设计与城市信用体系建设的顶层制度设计有所不同，相较于城市信用体系和行业信用体系，农村信用体系需要单独进行顶层设计①。在组织领导方面，农村信用体系建设和城市信用体系建设差异很大。有别于城市信用体系建设以各级人民政府统筹、各级发展改革部门为主管部门，农村信用体系建设则不同，目前牵头部门并不明确，建议未来进一步加强组织领导，因地制宜地选择符合自身实际的发展模式。

实际上，过去几年国内部分地区已经探索出许多经验和做法，它们结合自身实际，形成了各具特色的发展模式。

（一）"农户＋征信＋信贷"模式

"农户＋征信＋信贷"模式由中国人民银行主导，主要思路是通过完善农户信用信息征集体系、建立农户信用评价机制以及发挥信用信息服务在农户融资中的作用等方式，让农户获得发展生产的信用贷款，从而助力农民增收致富。该模式主要有以下特征。

一是完善农户信用信息征集体系。信用信息征集是农村信用体系建设的

---

① 林钧跃. 信用能拉大贫富差距吗［J］. 征信, 2014（7）：7-10.

数据基础，中国人民银行已经推动各相关部门为农户等农村社会成员建立和完善信用档案，并按照《农村信用体系建设基本数据项指引》（银办发〔2013〕62号）要求确定采集指标体系、完善信息征集机制，实现信用信息持续更新和交换共享。相关统计数据显示，中国人民银行指导分支机构建设农村信用信息服务平台270个，推动农村信用信息在地方政府、涉农金融机构等实现共享。截至2021年第一季度末，全国共为1.88亿户农户建立信用档案①。

二是持续推进农村地区信用评定。发挥地方政府及各相关部门、金融机构、中介机构的力量，以小微企业、农户等经济主体的信用信息为基础，建立、完善适合小微企业、农户等经济主体的信用评价机制。依托农户信息征集体系，推动建立包括地方政府及各相关部门、金融机构、中介机构等信用评定组织与工作机制，健全适合当地特点的指标体系和信用评定制度，大力推进"信用户""信用村""信用乡（镇）"评定与创建，积极开展农户信用评价，有效分析、判断农户的信用状况。截至2021年第一季度末，全国共为1.28亿户农户开展了信用评定②。

三是发挥信用信息服务在农户融资中的作用。推动地方政府部门制定以信用评定为基础的农户政策支持措施，在资金、技术、保险服务等方面给予农户支持，建立信贷风险补偿、奖励基金和考核奖励机制。"信用户""信用村""信用乡（镇）"享有在授信额度、贷款利率、贷款手续等金融服务方面的政策倾斜。支持农户小额信用贷款，推动农户信用评价结果与农户贷款相结合，引导金融机构完善农户信贷管理流程，根据信用评价等级确定信贷准入、信贷额度及利率水平，提升农户融资的便利度和可获得性，降低融资成本，增加对"三农"的信贷投入。

---

① 中国人民银行. 关于政协第十三届全国委员会第四次会议第0185号（财税金融类034号）提案答复的函 [EB/OL]. (2022 - 04 - 28) [2022 - 11 - 10]. http：//www. pbc. gov. cn/zhengwugong-kai/4081330/4081344/4081419/4081727/4541211/index. html.

② 中国人民银行. 关于政协第十三届全国委员会第四次会议第0185号（财税金融类034号）提案答复的函 [EB/OL]. (2022 - 04 - 28) [2022 - 11 - 10]. http：//www. pbc. gov. cn/zhengwugong-kai/4081330/4081344/4081419/4081727/4541211/index. html.

（二）"基层治理＋信用"模式

"基层治理＋信用"模式主要由各地社会信用体系建设牵头单位负责推进，主要思路是充分发挥农村信用体系建设在创新社会治理中的基础作用，将信用评价机制引入基层治理领域，通过将制度约束导入乡村治理体系提高治理水平，推动乡村治理体系和治理能力现代化。该模式主要有以下特征。

一是注重制度体系建设。强化信用制度体系建设，将村规民约、社区自治公约等升级为信用积分管理办法进行量化赋分，通过对居民做好人好事的加分或对违反公共秩序等行为的减分，将村规民约"软要求"变成信用管理的"硬约束"，以信用为抓手推动乡村文明建设，构建出一套具有约束力的制度。

二是建立健全信用评价体系。将居住环境、村风民风、志愿服务、违法占地等农村社会治理等棘手问题纳入信用评价指标体系，通过建立科学合理的信用评价体系进行量化积分，坚持"公平、公正、公开"原则，建立由村（社区）支书（主任）、村内威望较高的党员、乡贤人士等组成的信用评议小组开展民主评议，形成信用评价结果，激励、引导农村居民诚实守信、向上向善，以小积分撬动乡村大治理，实现乡村治理手段多元化、精细化、科学化。

三是不断丰富信用应用场景。将信用充分参与到农村资源配置中，信用评价结果与福利待遇挂钩，村民按照信用等级获取相应的福利待遇和激励，变村民福利为信用奖励，如不少地方推行"信用基金＋激励奖惩""信用超市""诚信基金"，基金对达到一定信用等级的居民进行奖励，使信用"有价"；还有不少地方将信用管理和志愿服务"合二为一"，把各类志愿服务计入信用积分，全面推开"信用＋志愿服务"模式，用信用激励志愿服务，激发群众参与热情，推动农村重点工作取得显著成效。

四是加大宣传力度，激发广大农户、村民参与度。通过大讲堂、广场舞、村内大喇叭、宣传栏等多种形式，广泛开展"线下＋线上"宣传，激发广大农户、村民的积极性、主动性。通过定期评选信用模范之家、"信用之星"，形成模范带动的浓厚氛围。不少地方还特别突出信用激励仪式感，每季度每村至少举行一次信用激励发放仪式，敲锣打鼓、热热闹闹，由村支部书记、镇街干部甚至上级领导现场颁奖，让守信的农户、村民更有仪式感、荣誉感。

（三）新型农业经营主体信用体系模式

新型农业经营主体是新时代乡村振兴战略实施的重要推动力量，是发展我国农村经济建设、实现农业现代化、促进农民就业增收的主力军。新型农业经营主体主要包括专业大户、家庭农场、农民专业合作社、农业龙头企业以及其他经营性农业社会化服务组织。新型农业经营主体信用体系模式主要由农业农村部主导，以落实 2021 年中央一号文件为主，设定具体指标，由地方申请试点的方式推进。

2021 年中央一号文件要求，支持市县构建域内共享的涉农信用信息数据库，用 3 年时间基本建成比较完善的新型农业经营主体信用体系。为了深入贯彻落实 2021 年中央一号文件部署，强化农业农村优先发展投入保障，加快破解农村金融发展的痛点、难点和"瓶颈"制约，更好地撬动和引导金融社会资本投向农业农村，农业农村部决定开展 2021 年度金融支农创新试点。

2021 年 8 月 31 日，《农业农村部办公厅关于开展 2021 年度金融支农创新试点的通知》（农办计财〔2021〕35 号，以下简称《通知》）① 正式印发，该《通知》在部署试点任务时明确提出，"探索建立新型农业经营主体信用体系：支持金融机构与地方农业农村等相关部门加强合作，立足新型农业经营主体特点和金融监管要求，研究确定新型农业经营主体信用体系的核心评价指标，围绕主体评级、项目授信、风险管控等强化信息共享、建设信用体系、构建信贷模型，探索运用农业农村大数据解决新型农业经营主体缺合格抵质押物、缺便捷信贷渠道，金融机构缺信用信息、缺评价体系等问题，强化评价成果转化运用，通过机制创新、信息共享、数据增信，提升金融服务的便利度和满意度"。

在部署试点范围时，《通知》明确要求，在全国范围选取一定数量的县作为试点，重点向工作基础好、创新意愿强、可以提供配套支持的地区倾斜。其中，建设新型农业经营主体信用体系选取不超过 4 个县，重点支持政府协

---

① 农业农村部.关于开展 2021 年度金融支农创新试点的通知［EB/OL］.（2021 - 09 - 02）
［2022 - 11 - 10］.http：//www.moa.gov.cn/govpublic/CWS/202109/t20210902_6375519.htm.

调力度较大、具备涉农信息共享条件、金融信贷与农业农村大数据结合运用较为紧密的地区，具体指标要求如表8-1所示。

表8-1　新型农业经营主体信用体系试点单位评价指标

指标名称			指标解释
一级指标	二级指标	三级指标	
产出指标	数量指标	信用信息数据库	建立新型农业经营主体信用信息数据库
		信用评价数量	农户信用评价完成数量（户）
		信用贷款规模	农户信用贷款投放量（万元）
	成本指标	信贷综合成本	信用贷款平均综合成本
	质量指标	信用评价体系	建立科学完善的信用评价体系
		数据交叉验证	实现金融机构获取的主体信息与直报系统中主体直报数据交叉验证
效益指标	经济效益指标	资金撬动能力	地方或金融机构配套资金投入金额（万元）
	社会效益指标	形成典型模式	形成具有可复制推广价值的金融支农典型模式
	社会效益指标	形成政策储备	为改革完善财政支农投入机制提供参考经验
满意度指标	服务对象满意度指标	农户满意度	获得信贷服务的农户对创新试点是否满意

数据来源：农业农村部。

2021年9月17日，农业农村部计划财务司发布的《2021年度金融支农创新试点名单公示》①显示，按照《通知》要求，经逐级评审推荐、合规性审查、实施方案审查等环节，安徽省蒙城县等8个新型农业经营主体信用体系创新试点拟纳入政府购买服务试点范围或自主试点名单，详细信息如下（见表8-2）。

① 农业农村部.2021年度金融支农创新试点名单公示［EB/OL］.（2021-09-17）［2022-11-10］. http://www.jcs.moa.gov.cn/gzdt/202109/t20210917_6376728.htm.

表8-2　新型农业经营主体信用体系试点单位及试点类别

试点单位	试点类别
安徽省蒙城县新型农业经营主体信用体系建设创新试点	政府购买服务试点
江苏省兴化市新型农业经营主体信用体系建设创新试点	政府购买服务试点
山西省翼城县在农业生产托管基础上建立新型农业经营主体信用体系创新试点	政府购买服务试点
福建省古田县新型农业经营主体管理及信用分级评价系统创新试点	政府购买服务试点
安徽省阜南县基于大数据模式的新型农业经营主体信用体系建设探索创新试点	自主试点
江苏省南京市新型农业经营主体信用管理平台创新试点	自主试点
上海市探索建立新型农业经营主体信用体系创新试点	自主试点
重庆市城口县农业数字信用评价体系金融服务创新试点	自主试点

数据来源：农业农村部。

　　上述三种模式都是基于不同地方经济社会发展情况和现实需要产生的。各地在推进农村信用体系建设过程中，应选择与当地农村发展实际情况和建设目标相适应的模式。各地需在顶层设计指导下，基于现实条件和自身实际情况，有针对性地推进农村信用体系建设工作。

第二节　完善法规制度为农村信用体系建设保驾护航

　　完善的法律法规与制度建设可共同为农村信用体系保驾护航。在完善法律法规方面，应将农村信用体系建设与现有法律法规做好衔接，与《村委会组织法》充分融合，以现有法律法规支持农村信用体系建设或推动农村信用体系建设领域专项立法。在完善制度建设方面，应围绕信息归集与公开、信用评价、信用奖惩、信用修复等方面展开制度设计。

（一）加快完善有关法律法规

　　一是加快推进农村信用体系建设与现有法律法规的融合。法治是农村信用体系建设的价值基础。农村产业发展、矛盾纠纷、环境治理均需要发挥法治的权威价值。根据《村委会组织法》第二十七条规定："村民会议可以制定和修改村民自治章程、村规民约，并报乡、民族乡、镇的人民政府备案。村民自治章程、村规民约以及村民会议或者村民代表会议的决定不得与宪法、法律、法规和国家的政策相抵触，不得有侵犯村民的人身权利、民主权利和合法财产权利的内容。村民自治章程、村规民约以及村民会议或者村民代表会议的决定违反前款规定的，由乡、民族乡、镇的人民政府责令改正"。由此可见，村规民约是村民委员会及其成员应当遵守的基本准则，是一切成员依法办事的基本规范，应当尽快将农村信用体系建设融入《村委会组织法》之中来，在村民自治章程、村规民约之中注入信用元素，嵌入信用有关内容，把信用写入村规民约和村民自治章程里，如将信用管理与村规民约、村民福利、志愿服务相挂钩，通过信用积分、信用便民等多种方式助力村民安居乐业、产业兴旺，这不仅是落实村民自治的具体要求，也是依法依规深入开展农村信用体系建设的具体体现。

二是推动农村信用体系建设领域专项立法，完善农村信用法律法规体系。立法滞后已成为制约农村信用体系建设纵深推进的"瓶颈"之一，专项立法是未来破解农村信用体系建设新问题、新情况的重要途径。当前，尚未有一部专门规范农村信用体系建设的法律法规，应当结合我国农村信用体系建设丰富的实践经验，制定一部推进农村信用体系建设的专项立法，以便有效规范涉农信用信息归集、共享、应用以及保障涉农信用主体合法权益。当然，立法不是一蹴而就的，推动专项立法本身就是一个漫长的过程。建议农业农村部、乡村振兴局等会同有关部门研究并加快制定农村信用体系建设领域法律法规，推动农村信用体系建设迈上法治化、规范化发展新台阶。

（二）推动完善有关制度建设

完善的制度建设是农村信用体系建设深入推进的坚实基础。应从涉农信用信息归集与公开、信用评价、信用奖惩、信用修复等方面完善农村信用体系建设制度设计。

一是完善涉农信用信息归集与公开机制。充分发挥党委政府牵头作用，制定涉农信用信息归集、共享、公开及应用的具体举措与政策规范。在此基础上，加快搭建涉农信用信息数据库，打通公共信用信息共享平台、农户信用信息管理系统以及金融信用信息基础数据库之间的"信息壁垒"，整合涉农信用信息。

发挥信用信息的融资支持作用。加强涉企信用信息归集共享应用，依托全国中小企业融资综合信用服务平台与地方各级融资信用服务平台推广农村"信易贷"模式，有效推动农户、村民融资实现量增、价降、面扩。

二是规范信用评价机制。深入了解农户、农村、农民对信用的需求，逐步完善涉农信用评价指标体系，设计一套可量化、可操作的指标体系，形成科学、合理、有效的评价指标模型，规范信用评价工作。

三是科学设计信用奖惩机制。依法依规制定守信激励与失信惩戒配套实施细则，参照全国失信惩戒措施基础清单的制定程序及有关内容，依法依规明确失信类型和相应惩戒措施。探索建立信用积分方式优化管理，针对积分采取"差额式"奖惩。

四是探索建立信用修复等权益保障制度。建立信用修复制，对失信农民和农户提供可救济的信用修复渠道，加快制定信用修复方面的实施细则，允许通过信用培训、信用承诺、志愿服务和公益活动等方式改善农民和农户的信用状况，为农民和农户建立信用信息异议机制，确保农民和农户的合法权益得到保障。

第三节　打造涉农信用信息平台
有效破解"信息孤岛"难题

充分利用已有的农村信用信息系统和农村金融对接平台等资源，探索发展改革、人民银行、农业农村、市场监管、公安、民政等部门涉农信用信息对接共享机制，构建科学高效的涉农信用信息采集体系，搭建以"数据库＋网络"为核心的涉农信用信息平台，完善涉农信用信息常态化更新机制，有序推动涉农信用信息共享和开放，破解"信息孤岛"难题。

（一）建立健全覆盖全面的涉农信用信息平台

坚持政府牵头、社会共建，坚持互联互通、融合发展，充分融入现有区域内信用信息平台。在已有较为全面的农村信用信息系统基础上，发挥各有关部门已经搭建起的涉农信用信息系统或平台，完善农户、村民信用信息，重点搭建以"数据库＋网络"为核心的涉农信用信息平台，有效整合各类涉农信用信息资源，从单纯"征信"功能逐步过渡到"征信＋融资＋社会治理"功能，集征信、评信、增信、融资为一体，整合线上、线下融资等功能，为后续涉农信用信息的共享和开放提供支撑。

（二）构建科学高效的涉农信用信息采集体系

在充分考虑涉农金融机构业务需求基础上，有效利用发展改革、财政、农业农村、乡村振兴等部门掌握的农户信息，与乡镇、村级组织密切配合，发挥乡镇和村干部的积极作用，建立多渠道涉农信用信息采集机制，规范采集涉农信用信息，因地制宜、科学合理统一设计涵盖农户基本信息、生产经营、资产信息、信贷信息、担保信息、村委评价及奖罚情况等信用信息指标体系。强化信息技术支撑作用，积极运用互联网、大数据、人工智能等科技手段，为农户开展系统化、智能化、批量化建档。制定统一的涉农信用信息采集数据项框架体系，加快涉农信用信息采集标准化、规范化建设，强化涉农信用信息安全保护，采集农户、村民的信用信息须经其同意，未经信用信息主体同意不得采集，禁止采集基因、血型、指纹以及法律、行政法规规定禁止采集的信息。

（三）探索各类涉农信用信息共享和开放制度

探索发展改革、人民法院、文明办（文明委）、财政、地方金融监管、自然资源、人力资源和社会保障、农业农村、林业、银保监、市场监管、住建、卫生健康、乡村振兴、公安、民政等部门，各级乡镇（街道办事处）、人民银行当地支行、涉农金融机构、政策性融资担保机构、保险公司等有关单位涉农信用信息对接共享机制，打破各部门间信息梗阻、加快畅通渠道，推动信用信息交换共享和推动跨部门合作和涉农信用信息整合，为根据涉农主体经营情况发放不同额度的信用贷款提供支撑。

（四）完善涉农信用信息常态化更新长效机制

对照涉农信用信息采集指标体系，加强协调沟通，按照当地农村信用体系建设推进机制，完善涉农信用信息常态化更新长效机制。进一步优化升级现有农村信用信息系统，坚持以应用为导向，完善涉农信用信息的更新与应用，构建完善的信息采集、更新渠道、主要方式和长效机制，推进涉农信用信息定期更新，确保数据及时性和准确性。引入市场力量探索开展涉农信用信息数据库的运行和维护，定期更新涉农信用信息，实行数据收集的动态管理，确保已收集到的农户信用信息数据及时、准确、完整及连续。

（五）有序推动涉农信用信息平台的深度应用

根据当地政府相关职能部门、涉农金融机构依法履职、业务拓展需要，设置相应查询权限，提供个性化信息查询、信用评价展示及筛选、分类汇总统计等信息服务功能。广大农村地区可基于平台数据库已公开的信息，在做好专用网络与互联网安全隔离的前提下，通过互联网向社会提供公共查询服务，并将政府部门政策信息、金融机构产品与服务信息、中介机构服务信息、农村经营主体融资服务需求信息纳入其中，更好地发挥平台"服务政府，辅助银行，惠及农户"的作用，扩大农村信用体系建设的社会影响力。同时，鼓励、引导社会资本在当地政府的大力支持下，以市场化运营的方式，依托全国中小企业融资综合信用服务平台与地方各级融资信用服务平台搭建新型农业经营主体，强化应用，协同推进农村信用体系建设。丰富涉农信用信息应用场景，引导金融资源流入农村，提高农村金融机构信贷资金投放效率，缓解农村信息不对称的问题。

第四节　建立健全适用涉农信用主体信用评价指标体系

建立健全适用涉农信用主体信用评价指标体系不仅有利于提高涉农信用主体自身信用水平，缓解融资难题，还是改善农村信用环境，激发涉农信用主体诚实守信优良品质，引导乡村德治的重要举措。在借鉴市场金融机构涉农信用产品评价指标设计的基础上，建议加快探索包括农户、家庭农场、农民专业合作社和农业产业化龙头企业等在内的涉农信用主体信用评价体系建设，筛选特色评价指标为涉农信用主体进行"信用画像"。

（一）农户信用评价指标体系

农户是以农业生产为业的家庭，根据《农村信用合作社农户小额信用贷款管理指导意见》（银发〔2001〕397号）第二条规定，"农户是指具有农业人口，主要从事农村土地耕作或者其他与农村经济发展有关的生产经营活动

的农民、个体经营户。"依据农户的基本特征，农户信用评价指标体系可从
家庭基本信息、偿债能力、还款意愿、金融信息和社会管理信息五个维度来
刻画（见表8-3）。

表8-3　农户信用评价指标体系

一级指标	二级指标
家庭基本信息	户主年龄
	户主健康状况
	户主婚姻状况
	户主政治面貌
	户主文化程度
	家庭供养人数
	家庭劳动力数量
	家庭外出务工人数
	家庭中是否有公职人员
	家庭成员是否具备职业技能
偿债能力	家庭年纯收入
	家庭储蓄总额
	耕地面积
	承包权属情况
	非农固定收入
	非农经营性收入
	是否拥有自有车辆
	房屋情况
	是否购买大型农机具
	是否购买农业保险
	是否享受政府补贴
	金融机构贷款情况
	家庭人均纯收入占当地平均水平的比例
	是否拥有林权证
	养殖品种年均产值
	种植品种年均产值
	家庭年度总支出

续表

一级指标	二级指标
还款意愿	年纯收入与现有负债之比
	近三年还款状况
	是否认为按时还款是重要的
	是不是信用户
	是否了解农户信用相关知识
金融信息	个人征信记录
	公共信用记录
	家庭品德状况
	提供的信息材料是否存在欺瞒
	互联网支付工具信用状况
	贷款是否有抵押物
	贷款是否有担保人
	是否有未结清的担保债务
	是否存在民间借贷
社会管理信息	户主本地居住时间
	家庭主要劳动力工作性质
	居住地交通是否方便
	是否欠缴水电气费
	其他奖励信息
	是否尊老爱幼
	对公益事业关心程度
	邻里团结情况

（二）家庭农场信用评价指标体系

家庭农场是指以家庭成员为主要劳动力，从事农业规模化、集约化、商品化生产经营，并以农业收入为家庭主要收入来源的新型农业经营主体（农业部经管司，2013)[1]。根据家庭农场的基本特征，家庭农场信用评价指标体系可通过如下维度来刻画（见表8-4）。

---

[1] 家庭农场目前没有一个明确的法律定义，是一个"舶来词"。家庭农场于2008年党的十七届三中全会报告中被首次提出，随后，2013年中央一号文件再次提及家庭农场，鼓励和支持承包土地向家庭农场、农民合作社（下文专指其中的农民专业合作）流转，注重多形态的适度规模经营。2018年、2019年连续两年的中央一号文件提出启动家庭农场培育计划、建立健全家庭农场的发展新模式，2020年的中央一号文件更是要求重点培育家庭农场。

表 8 - 4　家庭农场信用评价指标体系

一级指标	二级指标
基本情况	基本信息
	劳动者素质
	合作社数量
	创办年限
	生产能力
经营状况	经营规模
	营销能力
	商标专利情况
	农产品质量安全追溯制度
	农产品认证情况
	创新能力
	家庭农场与银行业务来往情况
财务状况	负债水平
	盈利水平
	偿债水平
信用状况	贷款占用形态
	贷款历史
	资产抵押情况
	信用评价情况
	欠缴税费情况

（三）农民专业合作社信用评价指标体系

《中华人民共和国农民专业合作社法》第二条规定，"农民专业合作社是指在农村家庭承包经营基础上，农产品的生产经营者或者农业生产经营服务的提供者、利用者，自愿联合、民主管理的互助性经济组织"。其显著特征是以农民自愿参加为前提，以农户经营为基础，以某一产业或产品为纽带，以增加成员收入为目的，具有在资金、技术、生产、购销、加工等方面互助合作属性的经济组织[1]。我国农村有各类农民专业合作社广泛分布于农业中的种植业、畜

---

[1]　黄祖辉，徐旭初. 大力发展农民专业合作经济组织 [J]. 农业经济问题，2003（5）：41 - 45.

牧业、水产业、林业、运输业、加工业以及销售服务行业等各领域，成为实施农业产业化经营的新生的组织形式[①]。根据农民专业合作社的基本特征，农民专业合作社信用评价指标体系可通过如下维度来刻画（见表8-5）。

表8-5 农民专业合作社信用评价指标体系

一级指标	二级指标
经营能力	社员数量
	偿债能力
	营销能力
	发展潜力
产业基础	从事种养加专业户所占比重
	机械化程度
	对当地经济社会发展贡献度
	生产条件
	市场占有率
	治理结构
诚信履约	信用记录
	上下游对信用重视程度
	管理者素质及成员信用水平

（四）农业产业化龙头企业信用评价指标体系

农业产业化龙头企业是指以农产品加工或流通为主，通过各种利益联结机制与农户相联系，带动农户进入市场，使农产品生产、加工、销售有机结合、相互促进，在规模和经营指标上达到规定标准并经政府有关部门认定的企业。根据农业产业化龙头企业的基本特征，农业产业化龙头企业信用评价指标体系可通过如下维度来刻画（见表8-6）。

表8-6 农业产业化龙头企业信用评价指标体系

一级指标	二级指标
基本情况	注册资金
	人员规模
	综合实力

---

① 张毅. 我国农村专业合作经济组织发展存在问题及对策建议 [J]. 农业经济，2013（7）：83.

一级指标	二级指标
偿债能力	资产负债率
	流动比率
经营能力	存货周转率
	总资产周转率
	应收账款周转率
盈利能力	利润率
	净资产收益率
发展潜力	营业收入增长率
	净资产增长率
	净利润增长率
信用状况	公共信用状况
	征信水平

第五节 围绕产业发展和乡村治理打造应用场景

推进农村信用体系建设，在前期做好顶层设计、信息归集和开展信用评价的基础上，关键是围绕产业发展和乡村治理两大领域积极打造应用场景。

（一）围绕产业发展打造农村信用体系应用场景

在实施乡村振兴战略过程中，新型农业经营主体快速成长，新产业、新业态层出不穷，传统农业加快向现代产业转型，无论发展品牌农业，还是农村电商，抑或是建基地、申请贷款，都离不开农村信用体系的支撑。可以说，农村信用体系是推动现代农业高质量发展的重要基础，为此，应当围绕现代产业发展打造农村信用体系应用场景。

一是探索以信用为主要依据的信贷投放新模式。充分发挥涉农金融机构在体制机制上的灵活性，以"信用户""信用村""信用乡（镇）"授信为契机，精准识别各类农村主体信用状况，鼓励引导金融机构进行金融产品和服务模式创新，推动信用建设促进信用贷款投放，探索建立"信用＋信贷"支农惠农体系，打造"农村信用＋金融"模式，加快提升农村信用体系支持乡村振兴的综合化、一体化水平,为农业发展、农村富裕、农民增收贡献力量。

二是借助信息化手段实现涉农信用贷款秒批秒贷。充分运用区块链、大数据、人工智能等信息技术,引导涉农金融机构综合运用互联网审批等方式,实现涉农信用贷款秒批秒贷,推动金融服务向社区、农村延伸,打通农村金融发展"新动脉"。

三是创新金融服务方式,推出商标权、专利权抵质押贷款等多种信贷产品。为有效发挥高端品牌的"信用"效应,更好地满足涉农产业资金需求,探索将乡村振兴中的著名商标以及现代农业种植技术产权等无形资产转变为有形信贷资金。

(二) 围绕乡村治理打造农村信用体系应用场景

有效治理是乡村振兴的基础,自治善治是乡村治理的关键。随着城乡一体化的深入推进,乡村治理面临一些新矛盾、新问题亟待破题,如新老问题叠加导致治理难度增大、制度缺位导致治理动力不足、人才队伍单薄导致治理理念落后等。加快推进农村社会信用体系建设是推进乡村治理的好切口,应当围绕乡村治理打造农村信用体系应用场景。

一是引入信用积分制,减少乡村治理复杂度。在农村,以亲缘、血缘为纽带的熟人社会特征尤为明显,村民在传统乡村治理氛围下更加看重"脸面"。在这样的背景下,乡村治理领域推广运用信用积分制就非常有效,以积分形式将"脸面"以分数方式具象化、体系化表现出来,可以实现现代化治理手段与传统乡村熟人社会特征的有效结合。如在村规民约基础上,建立起涵盖环境保护、睦邻和家、乡村发展、公益奉献、自治守法五个方面的信用评价体系,进行量化积分并实施正向激励,以"小积分"撬动乡村"大治理",可实现乡村治理手段向多元化、精细化、科学化转变。

二是推广信用清单制提升乡村治理制度化、规范化水平。探索将信用清单制引入乡村治理中,如将小微权力清单、村级服务事项清单、正面清单、负面清单等清单与互联网相结合,用线上线下相结合的方式促进乡村治理水平提升,可有效解决持续多年困扰基层的形式主义问题,找到服务农民群众的有效办法,减轻村级组织负担,提升乡村治理的制度化和规范化水平。

三是全面推行"信用建设＋志愿服务"模式破解乡村治理新难题。在加强和改进乡村治理的过程中，有些领域游离在法律与道德的模糊地带，急需在法律和道德之外探索一条行之有效的治理路径。"信用建设＋志愿服务"模式一方面将信用手段应用于乡村治理，有效节约乡村治理成本，促进乡村和谐有序；另一方面将志愿服务纳入个人信用赋分，迅速扩大志愿服务队伍，提高广大乡村地区志愿服务热情，走出一条实现乡村治理提质增效的新路径。

四是将信用机制嵌入基层网格治理，打造"网格＋信用"应用场景。将信用机制嵌入基层网格治理，建立每户村民的信用档案，通过二维码实现村民家庭信用积分等信用信息"随时可查"，一方面让网格员在日常的走访中向群众宣传信用知识，另一方面依法将重点失信人员纳入网格走访服务范围，有利于充分激发村民进行义务劳动、服务乡村的积极性。

第六节　积极营造农村信用体系建设良好诚信氛围

营造良好社会氛围对推进农村信用体系建设、优化农村信用环境、实现农村经济社会良性发展意义重大。营造良好社会氛围可从提高信用意识树立诚信理念，优化农村金融信贷环境以及强化农村信用文化建设等方面发力。

（一）提高信用意识树立诚信理念

为进一步破除农村传统社会根深蒂固的宗族血缘关系的羁绊，打破熟人社会主观性强的评价桎梏，深入推进农村信用体系建设需要用信用规制、信用约束、信用手段来营造乡风文明建设，形成褒奖诚信惩戒失信的内生动力，从而将信用理念、诚信价值观植入民心。

一是有关部门应积极倡导信用理念先行，促进广大农户提升自身信用意识。以提高全村百姓的知晓度为目的，将诚信知识、诚信理念推广到各村、各户，增强农户、村民学诚信、守诚信的意识，形成农户、村民增强自身信用意识的"主动性"，引导农户增强对自身信用问题的关注度，提高主动参与意识，切实将诚信价值观内化于心、外化于行，积极帮助农户、村民树立诚信意识，让诚信理念成为自觉行为规范。

二是有关部门多渠道选树诚信典型，记录村民善行善举，让"善行积分"成为激活乡村治理"主引擎"。以弘扬社会公德、职业道德、家庭美德、个人品德为内容和考量因素，倡导学习、关爱、争当道德诚信模范的良好风尚，以积分享受实惠为载体，根据农户、村民的"主动帮扶""诚实守信""如期履约"行为所累积的积分，用积分多少来兑换米、油等生活用品物资，对荣获"好人好事""崇德向善"的农户、村民给予礼遇帮扶，优先推荐入党、邀请参与重大活动、重大节日走访慰问、优先安排就业创业、免费体检等待遇，调动农户、村民守信、讲文明的积极性；对大操大办、铺张浪费、参与迷信、垃圾乱堆放进行积分减分，让农户、村民深刻体会到信用好带来的便利与实惠，从而更加重视和珍惜自身信用，提高诚信意识，形成惩恶扬善、激浊扬清的良好氛围。

（二）优化农村金融信贷环境

信用是市场经济的基石，是优化农村资源配置的关键因素，农村金融是现代农业经济的核心，优化农村金融信贷环境有利于营造良好氛围。

一是鼓励涉农金融机构建立和完善各类农村主体信用档案，加大信贷投放力度。在充分利用现有渠道资源基础上，依托数字化技术，拓宽信息采集渠道，通过信息互通共享实现对农户信用全面评价，解决信息不对称问题，着力破解担保难、贷款难等问题，提高农户贷款的获得率，逐步加大信贷投放力度，提高农村资源配置效率，持续改善和优化农村融资环境。

二是以需求为导向，加快金融科技在农村信用体系建设中的支撑作用。充分发挥社会信用体系建设部际联席会议牵头单位及有关部门传达、落实优化农村信贷政策的作用，积极调动并提高村"两委"、各有关部门的参与程度，加快金融科技在信用信息采集、农村信用信息平台建设、涉农信用信息数据共享与整合等方面的应用，为完善农户和涉农信用主体信用画像提供有力支撑。

（三）强化农村信用文化建设

农村信用文化建设不局限于金融领域的诚信引领和试点示范，更重要的是要聚焦农村领域的诚信文化建设。

一是落实《乡村振兴促进法》，以社会主义核心价值观为引领加强乡村文化建设。深入贯彻落实《乡村振兴促进法》第七条规定，"国家坚持以社会主义核心价值观为引领，大力弘扬民族精神和时代精神，加强乡村优秀传统文化保护和公共文化服务体系建设，繁荣发展乡村文化。"弘扬诚信传统美德，以诚信核心价值观为引领，将社会主义核心价值观转变为村民认可且通俗易懂、可行有效的村规民约，最大限度在农村乡土社会氛围中形成凝聚诚信文化共识的思想基础，让农户、村民养成依靠自身信用就能获得信贷帮扶的习惯与意识，厚植诚信文化土壤，充分发挥诚信价值观的引领作用，在遵从现有法律法规的基础上，把诚信价值观融入乡村建设之中，使诚信价值观作为一种内生动力，用信用的"软实力"来筑牢信用文化建设的"硬支撑"。

二是加强涉农诚信宣传力度，丰富宣传内容，拓宽宣传渠道。在内容上，强调农村信用与村民共识、道德规则、村规民约的融合与发展；在方式上，采用除电视、广播等传统媒介之外的新媒体渠道，也可以通过设立宣传咨询点、悬挂横幅等方式宣传介绍"文明信用农户"案例，大力推广使用新媒体开展诚信文化宣传，也可借助政府网站、报纸等其他渠道宣传和践行社会主义核心价值观，或定期举办讲座、开展学习班，邀请专家加强诚信文化教育，加大宣传力度。同时，引导涉农企业建立诚信企业文化，创建文明村镇、文明家庭，培育文明乡风、良好家风、淳朴民风，建设文明乡村。

三是加强文化素养培训，形成良好农村信用文化氛围。农村人口教育水平较低导致农户对信用蕴含的价值理解不足①。加强对农户、村民的文化素养培训，通过农村图书馆建设、农村夜校等方式提升农户、村民文化素质，强化诚信价值观塑造，促进乡里邻里相互帮扶，形成良好农村信用文化氛围。村两委、乡镇有关部门应当制订文化素养培训工作计划，有针对性地开展农村信用文化讲座和普及教育活动，宣扬守信有益、失信有害案例，让农户、村民主动参与农村信用体系建设，接受信用文化熏陶。

---

① 李真，等. 我国农村信用体系建设存在问题与对策建议［J］. 金融论坛，2022（3）：68 - 69.

第七节　小　结

本章从加强组织领导、完善法规制度、打造涉农信用信息平台、健全信用评价指标体系、打造信用应用场景以及营造良好诚信氛围等方面对农村信用体系建设实施路径进行了系统阐述和分析。

在组织领导方面，准确把握农村信用体系建设与城市信用体系建设在组织领导方面的差异性，建议因地制宜地选择与当地农村发展实际情况和建设目标相适应的发展模式，从"农户＋征信＋信贷"模式、"基层治理＋信用"模式以及新型农业经营主体信用体系模式这三种模式做选择。

在完善法律法规与制度建设方面，应将农村信用体系建设与现有法律法规做好衔接与充分融合，用现有法律法规反哺农村信用体系建设。适时制定农村信用体系建设领域法律法规。完善信息归集与公开、信用评价、信用奖惩、信用修复等制度建设。

在打造涉农信用信息平台方面，应当建立健全覆盖全面的涉农信用信息平台，构建科学高效的涉农信用信息采集体系，探索各类涉农信用信息共享和开放机制，完善涉农信用信息常态化更新长效机制，有序推动涉农信用信息平台深度应用。

在建立健全适用涉农信用主体信用评价指标体系方面，加快探索包括农户、家庭农场、农民专业合作社和农业产业化龙头企业等在内的涉农信用主体信用评价指标体系，筛选特色评价指标为涉农信用主体进行"信用画像"。

在产业发展和乡村治理两大领域积极打造应用场景方面，围绕产业发展打造农村信用体系应用场景可以探索以信用为主要依据的信贷投放新模式、借助信息化手段实现涉农信用贷款秒批秒贷、创新金融服务方式，推出商标权、专利权抵质押贷款等多种信贷产品。围绕乡村治理打造农村信用体系应用场景可以引入信用积分制减少乡村治理复杂度、推广信用清单制提升乡村治理制度化、规范化水平、全面推行"信用建设＋志愿服务"模式、将信用机制嵌入基层网格治理，打造"网格＋信用"应用场景。

在营造良好诚信氛围方面，可以从提高信用意识树立诚信理念，优化农村金融信贷环境以及强化农村信用文化建设等方面发力。

第九章　农村信用体系建设未来展望

第一节　农村信用体系建设十大展望

关注当下，是为了更好地理解未来；展望未来，是为了更好地把握当下。在本书的最后一章，对农村信用体系呈现出的新趋势进行梳理和汇总，形成如下农村信用体系未来十大展望。

展望一：农村信用体系建设基础作用将日益凸显

实施乡村振兴战略，是党的十九大作出的重大决策部署，是决胜全面建成小康社会、全面建设社会主义现代化国家的重大历史任务，是新时代"三农"工作的总抓手。党的十九大报告指出，农业农村农民问题是关系国计民生的根本性问题，必须始终把解决好"三农"问题作为全党工作的重中之重，实施乡村振兴战略。2018 年 9 月，中共中央、国务院印发的《国家乡村振兴战略规划（2018—2022 年）》提出，实施乡村振兴战略是实现全体人民共同富裕的必然选择。

农村信用体系建设是推动乡村振兴战略有效落地的重要基础设施。随着农村信用体系深入推进，在改善农村基础金融服务、提高"三农"金融供给能力以及提升农村社会综合治理效能、推动实现全体人民共同富裕等方面将日益发挥重要作用。

展望未来，随着乡村振兴战略的深入推进，农村信用体系在乡村振兴战略下的基础作用将日益凸显。

展望二：农村信用体系建设理论研究将不断夯实

自 2008 年农村信用体系建设首次被写入党的重大决定以来，全国各地掀起了探索农村信用体系建设的热潮。农村信用体系建设整体上取得积极进展，在实践层面成效显著。相较于实践探索，农村信用体系建设理论研究相对滞后，目前关于农村信用体系建设理论研究成果较少，学术界尚未对农村信用体系建设的理论基础达成共识。

尽管信息不对称理论、交易成本理论、博弈论这三大经济学理论可以作为解释农村信用体系建设的理论基础，但相对于农村信用体系地位和实践对理论的需求而言，还远远不够。鉴于农村信用体系在乡村振兴中的基础作用将日益凸显，未来会有越来越多的学者对农村信用体系理论开展研究，农村信用体系理论研究将不断夯实。

展望三：农村信用体系建设顶层设计将日臻完善

当前，农村信用体系顶层设计不断完善。截至 2022 年 11 月底，中央层面及有关部门共计出台关于农村信用体系相关顶层设计文件 28 个，在这些顶层设计文件指引下，不少地方涌现出许多可复制可推广的经验。然而，与城市信用体系相比，农村信用体系还有很多独特的内容，其深入发展需要进一步完善顶层设计和推进机制，需要将更多实践证明行之有效的举措上升为规范制度甚至是法律法规，进一步提升农村信用体系建设法治化、规范化水平。在这种趋势引领下，农村信用体系的法律法规、制度体系、运营机制等顶层设计将日臻完善。

展望四：涉农信用信息系统将有望加快推进

加强信用信息归集共享是农村信用体系建设的基础和关键。过去几年，在中国人民银行、银保监会、农业农村部等有关部门的高度重视下，涉农信息归集取得积极进展。有关统计显示，截至 2021 年第一季度末，全国共为 1.88 亿户农户建立信用档案，其中开展信用评定的农户达 1.28 亿户[①]。

随着农村信用体系建设的深入推进，涉农主体信用信息归集、共享、公开及应用等将会进一步强化。作为推进农村信用体系建设的一项基础工作，预计覆盖所有涉农主体的信用信息系统有望加快推进。

---

① 农业农村部. 对十三届全国人大四次会议第 5058 号建议的答复摘要［EB/OL］.（2021 - 08 - 16）［2022 - 11 - 10］. http：//www.moa.gov.cn/govpublic/XZQYJ/202108/t20210816_6374106.htm.

展望五：守信激励失信惩戒机制将落地生根

守信激励和失信惩戒是社会信用体系建设的核心运行机制，其核心思想是使"守信者一路绿灯，失信者处处受限"。随着社会信用体系建设工作的深入推进，守信激励失信惩戒机制日益发挥重要作用，信用状况良好、守信的主体更易获得优惠便利。中国人民银行数据显示，截至 2022 年 6 月 23 日，中国人民银行创新结构性货币政策工具，有效地发挥牵引带动的作用，特别是针对新冠肺炎疫情对小微企业的巨大冲击，推出了两项直达工具，累计支持中小微企业贷款延期还本付息 13.1 万亿元，发放普惠小微信用贷款 10.3 万亿元。根据 2023 年 3 月《最高人民法院工作报告》显示，联合信用惩戒体系让失信被执行人"一处失信、处处受限"，918 万人迫于信用惩戒压力主动履行了义务。

守信激励失信惩戒机制同样适用于农村信用体系建设。过去几年，守信激励失信惩戒机制在广大农村地区也日益发挥着重要作用，展望未来，随着农村信用体系建设的深入推进，以信用奖惩为核心的机制将在广大农村地区落地生根。

展望六：崇尚诚信文化社会氛围将日益浓厚

党的二十大报告提出，"弘扬诚信文化，健全诚信建设长效机制。"诚信是社会主义核心价值观之一。《乡村振兴促进法》明确提出，国家坚持以社会主义核心价值观为引领，大力弘扬民族精神和时代精神，加强乡村优秀传统文化保护和公共文化服务体系建设，繁荣发展乡村文化。《中华人民共和国国民经济和社会发展第十四个五年规划和 2035 年远景目标纲要》明确提出，弘扬诚信文化，建设诚信社会。加强社会主义精神文明建设，培育和践行社会主义核心价值观，推动形成适应新时代要求的思想观念、精神面貌、文明风尚、行为规范。

随着我国农村信用体系建设逐步深入，广大农村地区重视诚信的社会氛围将日益浓厚，诚信意识渐入人心，民情村貌将焕然一新。

展望七：数字技术让农村信用体系焕发活力

数字技术对于改善农村地区金融生态环境，促进农村经济发展起着重要作用。一方面，数字技术突破了传统物理网点的时空局限，打通了农村金融服务的 "最后一公里"；另一方面，数字技术降低了金融机构提供普惠金融服务的风险和成本。

2022 年中央一号文件明确提出，大力推进数字乡村建设，以数字技术赋能乡村公共服务，推动 "互联网＋政务服务" 向乡村延伸覆盖，深入开展农村信用体系建设，发展农户信用贷款。因此，充分利用数字技术有效识别农户金融需求及信用信息，加快构建多方深度参与、协同发展的农村数字信用体系是实现金融服务均等化、做好乡村振兴金融服务供应的重要环节。

展望未来，随着政策的落实，数字技术将赋能农村信用体系建设，激发农村内生力量，给农村带来发展的活力。

展望八：信用成乡村治理产业发展有效手段

过去几年地方实践表明，信用是乡村治理和现代农业发展的有效抓手。在乡村治理方面，一些地区将信用手段嵌入乡村治理取得良好效果，提升了地方乡村治理的制度化、规范化水平，有效地解决了深层次矛盾纠纷，形成了一批可复制、可推广的好经验、好做法。在现代农业发展方面，一些地区通过深入推进农村信用体系建设，持续改善农村基础金融服务，不断提高 "三农" 金融供给能力，充分发挥金融在支持乡村产业发展中的助推作用，取得了良好效果。

展望未来，乡村治理和现代农业高质量发展是乡村振兴需要着力解决的重要任务，随着农村信用体系的进一步健全，农村信用体系将成为乡村治理和现代农业高质量发展的有效手段。

展望九：较为完善的新型农业经营主体信用体系将基本建成

2021 年中央一号文件明确提出，支持市县构建域内共享的涉农信用信息数据库，用 3 年时间基本建成比较完善的新型农业经营主体信用体系。

为深入贯彻落实 2021 年中央一号文件部署，农业农村部于 2021 年 8 月开展金融支农创新试点工作。其中，安徽省蒙城县、江苏省兴化市、山西省翼城县、福建省古田县、安徽省阜南县、江苏省南京市、上海市围绕新型农业经营主体信用体系建设开展创新试点工作。

以安徽蒙城县为例，其按照"数据共享为主体、人工采集为补充、分类分步归集"原则，归集、整合、审核新型农业经营主体评级、授信所需的涉农信用主体等信息，深化数据归集、融合共享和创新应用。

地方党委、政府高度重视新型农业经营主体信用体系建设试点工作，新型农业经营主体信用体系架构初步搭建，农村信用体系金融支农成效初显。展望未来，随着各地试点深入推进，2021年中央一号文件明确提出的目标有望实现，比较完善的新型农业经营主体信用体系将基本建成。

展望十：生产、供销、信用"三位一体"综合合作试点将在全国铺开

2021年中央一号文件提出，深化供销合作社综合改革，开展生产、供销、信用"三位一体"综合合作试点，健全服务农民生产生活综合平台。这是继2017年后，生产、供销、信用"三位一体"综合合作再度被写入中央一号文件。

生产、供销、信用"三位一体"综合合作是指把农民合作社的生产优势、供销合作社的流通优势、信用合作社的资金优势等，整合到农民合作经济组织联合会（以下简称"农合联"）这个大平台上，打造集生产、供销、信用等多重功能于一体的综合服务平台，聚合服务资源、降低服务成本、提升服务水平，更好地满足广大农民和新型农业经营主体的服务需求。

作为乡村振兴战略中组织振兴的重要载体，"三位一体"综合合作是小农户与现代农业有机衔接的主要渠道，它打破了传统单个合作社模式，充分发挥了生产、供销、信用多方面综合合作的优势，促成更多合作组织及相关主体联合起来，建立具有生产、供销、信用"三位一体"服务功能的农民合作经济组织体系。

早在15年前，浙江温州等地已开展"三位一体"综合合作试点探索工作，并取得积极成效：一是促进了农业生产，加快了农业现代化步伐；二是撬动了农村改革，进一步巩固加强了党的执政基础；三是拓宽了农民增收路子，促进农民持续增收。

2021年6月，中华全国供销合作总社、中央农办、人民银行、银保监会四部门联合印发《关于开展生产、供销、信用"三位一体"综合合作试点的

指导意见》提出，到 2023 年 6 月底，打造若干具有示范引领作用的"三位一体"试点单位。展望未来，预计生产、供销、信用"三位一体"综合合作试点将在全国铺开。

第二节 小 结

本章对农村信用体系呈现出新趋势进行梳理和汇总，形成了农村信用体系未来十大展望：农村信用体系基础作用将日益凸显，农村信用体系理论研究将不断夯实，农村信用体系顶层设计将日臻完善，涉农信用信息系统将有望加快推进，守信激励失信惩戒机制将落地生根，崇尚诚信文化社会氛围将日益浓厚，数字技术让农村信用体系焕发活力，信用成乡村治理产业发展有效手段，较为完善的新型农业经营主体信用体系将基本建成，生产、供销、信用"三位一体"综合合作试点将在全国铺开。

参考文献

［1］［法］孟德斯鸠．论法的精神［M］．张雁深译．北京：商务印书馆，1961.

［2］［法］卢梭．社会契约论［M］．何兆武译，北京：商务印书馆，2003.

［3］张维迎．博弈论与信息经济学［M］．上海：上海人民出版社，2004.

［4］［美］斯蒂格利茨．信息经济学：应用［M］．纪沫，陈佳，刘海燕译．北京：中国金融出版社，2009.

［5］张维迎．博弈与社会［M］．北京：北京大学出版社，2013.

［6］谢康，肖静华．信息经济学［M］．北京：高等教育出版社，2019.

［7］何建春．诚信缺失的博弈论解释［J］．郑州轻工业学院学报（社会科学版），2004（11）：28 - 29.

［8］赵振增、王浩．博弈论视角下的社会诚信问题研究［J］．科技创业月刊，2011（2）：158.

［9］何怡平，刘平．博弈论视角下政府信息公开制度的探讨——基于囚徒困境博弈模型［J］．哈尔滨学院学报，2015（3）：36 - 39.

［10］连维良．从"一城"到"一人"让诚信落地生根［EB/OL］．（2017 - 07 - 13）［2022 - 10 - 15］．http：//www．xinhuanet．com/politics/2017 - 07/13/c_1121316071．htm.

［11］负娟绸．乡村振兴，农村信用体系建设不可或缺［N/OL］．山西经济日报，2020 - 07 - 06（1） ［2022 - 10 - 15］．http：//epaper．sxrb．com/shtml/sxjjrb/20200706/514852．shtml.

［12］丹华．信息经济学［J］．理论观察，1985（4）：84 - 50.

［13］林钧跃．社会信用体系理论的传承脉络与创新［J］．征信，2012（1）：1 - 12.

［14］卢永强．浅议我国信用体系建设的理论与实践［J］．山西财经大学学报，2013，35（2）：26.

［15］杨鹏，张丽．信用降低交易成本的理论分析［J］．经济研究导刊，2020（20）：160 - 162.

［16］王金炳．博弈论的发展历史和基本内容［J］．时代经贸，2007，5（70）：1 - 2.

［17］征信管理局．杜金富：推进农村信用体系建设 有效夯实金融支农基础［EB/OL］．（2010－09－20）［2022－10－15］．http：//www.pbc.gov.cn/zhengxinguanliju/128332/128434/128483/2848090/index.html.

［18］周莘．"深入开展农村信用体系建设"如何破题［EB/OL］．（2022－04－26）［2022－10－15］．https：//www.creditchina.gov.cn/xinyongyanjiu/xinyongjiedu/202204/t20220425_292420.html？X2I5yQF1hUH6＝1655826680074.

［19］中国人民银行．中国人民银行关于政协第十三届全国委员会第四次会议第0137号（财税金融类033号）提案答复的函．［EB/OL］．（2022－04－28）［2022－10－15］.http：//camlmac.pbc.gov.cn/zhengwugongkai/4081330/4081344/4081419/4081727/4541199/index.html.

［20］中国人民银行金融消费权益保护局．中国普惠金融指标分析报告（2021年）.［R/OL］．（2022－09－30）［2022－10－15］．http：//www.pbc.gov.cn/goutongjiaoliu/113456/113469/4671788/2022092916460881444.pdf.

［21］乡村产业发展司．对十三届全国人大四次会议第5058号建议的答复摘要：农办议〔2021〕261号［A/OL］．（2021－08－16）［2022－10－15］．http：//www.moa.gov.cn/govpublic/XZQYJ/202108/t20210816_6374106.htm.

［22］新华社.2021年社会信用体系建设十大进展.［EB/OL］．（2021－01－02）［2022－10－15］．https：//h.xinhuaxmt.com/vh512/share/10504191？channel＝weixin.

［23］新华社．中共中央 国务院关于实施乡村振兴战略的意见［EB/OL］．（2018－02－04）［2022－10－15］．http：//www.gov.cn/xinwen/2018－02/04/content_5263807.htm.

［24］曹向．乡村诚信文化建设对推动乡村振兴作用的思考［EB/OL］．（2022－06－27）［2022－10－15］．https：//topics.gmw.cn/2022－06/27/content_35839633.htm.

［25］新华社.2020年底我国数字经济核心产能增加值占GDP比重达到7.8%［EB/OL］．（2021－03－19）［2022－10－15］．https：//baijiahao.baidu.com/s？id＝1694642470819569156&wfr＝spider&for＝pc.

［26］邢贵亮，宁海明．国际农村信用体系建设经验对我国的启示［J］．黑龙江金融，2015（11）：60.

［27］李武．重塑"走偏"的美国农场信用体系［J］．银行家，2003（6）：124－135.

［28］华东．美国、日本、法国农村金融体系的构成与启示［J］．湖北农业科学，2014（3）：1465－1469.

［29］商务部．研究美国信用体系发展历程 推动湖南社会信用体系建设［EB/OL］．（2021－04－20）［2022－11－10］．http：//credit.shaanxi.gov.cn/393/96435.html.

［30］阎亚军．我国新型农村信用体系构建研究［D/OL］．青岛：中国海洋大学，2013［2022 - 11 - 10］．https：//kns. cnki. net/KCMS/detail/detail. aspx？dbname = CD-FD1214&filename = 1013348193. nh.

［31］冯春晓．关于德国社会信用体系建设模式的若干思考［J］，北方经济，2014（8）：79 - 80.

［32］香港瑞丰会计师事务所．德国的信用管理立法及社会信用体系［EB/OL］．［2022 - 11 - 10］．http：//www. rf. hk/company/germany/14542. html.

［33］余新平，等．中国农村金融发展与农民收入增长［J］．中国农村经济，2010（6）：77 - 86，96.

［34］文娟．法国农村合作金融的发展及其对中国的借鉴意义［D/OL］．广州：暨南大学，2010［2022 - 11 - 10］．https：//kns. cnki. net/KCMS/detail/detail. aspx？dbname = CMFD2010&filename = 2010124196. nh.

［35］王树礼，丛柳．美、日、德三国农村信用体系的建设启示［N］．金融时报，2018 - 11 - 01（12）.

［36］魏坤，冯泽敏．日韩农村信用担保体系借鉴［N］．金融时报，2020（3）.

［37］王树礼，丛柳．美日德三国农村信用建设启示［J］．中国信用，2018（4）：118 - 119.

［38］郑享清，黄劲．印度农村金融体系建设中的政府干预［J］．世界农业，2011（1）：38 - 42.

［39］新华社．中共中央办公厅　国务院办公厅印发《数字乡村发展战略纲要》［EB/OL］．（2019 - 05 - 16）［2022 - 11 - 10］．http：//www. gov. cn/zhengce/2019 - 05/16/content_5392269. htm.

［40］信用中国．"城市诚信文化专栏"信用建设示范城市之四：四川成都篇［EB/OL］．（2018 - 02 - 22）［2022 - 11 - 10］．https：//www. creditchina. gov. cn/chengxinwenhua/chengshichengxinwenhua/201802/t20180222_109072. html？X2I5yQF1hUH6 = 1658051359153.

［41］王明峰．农贷通，农民愿贷更敢贷——成都打通农村金融服务"最后一公里"［EB/OL］．（2019 - 12 - 11）［2022 - 11 - 10］．http：//cdagri. chengdu. gov. cn/nyxx/c109513/2019 - 12/11/content_e65233e386a843fda6dc4ccb81a64557. shtml.

［42］杨斌．成都积极争创全国金融服务乡村振兴试验区——"农贷通"提档升级2.0版［EB/OL］．（2019 - 05 - 31）［2022 - 11 - 10］．http：//cdagri. chengdu. gov. cn/nyxx/c109513/2019 - 05/31/content_3c7395fc667940db97288316507d62ac. shtml.

［43］成都市农业农村局．成都市不断完善农村金融服务体系　提升金融服务乡村振兴能力［EB/OL］．（2022 - 01 - 24）［2022 - 11 - 10］．https：//baijiahao. baidu. com/s？id =

1722809707887851771&wfr＝spider&for＝pc.

［44］成都市农业农村局．成都市金融支持乡村振兴暨现代农业园区金融综合服务创
新示范区建设推进会在邛崃天府现代种业园区举行［EB/OL］．（2021－09－26）［2022－
11－10］．http：//cdagri. chengdu. gov. cn/nyxx/c109515/2021－09/26/content_c1b53148355
34c63921b2bb67de01452. shtml.

［45］信用中国．"城市诚信文化专栏"，惠州：社会信用体系建设示范城市典型经
验介绍之七［EB/OL］．（2018－02－05）［2022－11－10］．https：//www. creditchina.
gov. cn/csxynew/xyjg/202112/t20211203_251648. html.

［46］刘炜炜．农村信用建设助力精准扶贫［EB/OL］．（2017－06－19）［2022－11－
10］．http：//nyncj. huizhou. gov. cn/zwzc/xczxxxgkzl/gzdt/content/post_4593736. html.

［47］潍坊文明网．凝聚"信用潍坊"的力量——潍坊市全面推进社会信用体系建设
工作综述［EB/OL］．（2019－01－25）［2022－11－10］．http：//wf. wenming. cn/jjwf/
201901/t20190125_5667859. shtml.

［48］信用中国．"城市诚信文化专栏"，潍坊：社会信用体系建设示范城市典型经
验介绍之十［EB/OL］．（2018－02－08）［2022－11－10］．https：//www. creditchina. gov.
cn/csxynew/xyjg/202112/t20211203_251653. html.

［49］信用中国．"城市诚信文化专栏"，荣成：社会信用体系建设示范城市典型经
验介绍之十二［EB/OL］．（2018－02－12）［2022－11－10］．https：//www. creditchina.
gov. cn/csxynew/xyjg/202112/t20211203_251628. html.

［50］中国城市信用状况监测评价报告（2017）［R/OL］．国家信息中心中国经济信
息网，2017：309－310.

［51］诚信研究．典型经验｜辽宁大连：创新实践 信用赋能高质量发展［EB/OL］.
（2021－11－14）［2022－11－10］．https：//mp. weixin. qq. com/s/lEdpWXRZaUa3SgSFg7R
UkQ.

［52］金台资讯．建设农村信用体系 赋能乡村金融服务［EB/OL］．（2022－06－
09）［2022－11－10］．https：//baijiahao. baidu. com/s? id＝1735155967836197442&wfr＝
spider&for＝pc.

［53］国家发展和改革委员会．典型经验｜吉林四平：筑牢信用根基 助推全面振兴
［EB/OL］．（2021－11－14）［2022－11－10］．https：//mp. weixin. qq. com/s? _biz＝MzU
4MTY5NTEwNw＝＝&mid＝2247483948&idx＝2&sn＝955260c72055e587f8ab4160e5f141df&ch
ksm＝fd42e1c0ca3568d6083842668ae5e173d078747300dc9ebe13f7f348ab3d8476396d0f56b0bf&
scene＝21#wechat_redirect.

［54］信用中国．吉林四平：信用体系建设激发城乡活力［EB/OL］．（2022－09－

30）［2022－11－10］. https：//mp. weixin. qq. com/s？_biz＝MzIzMTA0OTY1Mg＝＝&mid
＝2650058207&idx＝4&sn＝f44b810d43250fb99333b4c665df6418&chksm＝f0aa1d04c7dd9412f
4c9666a4c55e037e4157018b8114a389d76d5dc8dc595f787da5efa5caa&scene＝27.

［55］国家发展和改革委员会. 信用建设示范区典型经验｜重庆铜梁区：信用引领
营商环境谱新篇［EB/OL］.（2021－11－24）［2022－11－10］. https：//www. xycq. gov.
cn/html/new/content/detail/69179. html.

［56］国家发展和改革委员会. 典型经验｜山东济宁：孔孟之乡焕发时代"信"光彩
［EB/OL］.（2021－12－12）［2022－11－10］. https：//mp. weixin. qq. com/s/NvVEQbHeo-
hMwnbF95GASiA.

［57］济宁市供销合作社. 市供销合作社对市第十八届人大会议第80号建议的答复《积
极开展供销社三位一体综合合作 助力乡村振兴共同富裕的建议》［A/OL］.（2022－04－01）
［2022－11－10］. http：//www. jining. gov. cn/art/2022/4/1/art_33595_2766531. html.

［58］国家发展和改革委员会. 典型经验｜陕西延安：让信用成为革命老区新名片
［EB/OL］.（2021－12－16）［2022－11－10］. https：//mp. weixin. qq. com/s/n_rNvnCWGb_
JO120DZ6cmw.

［59］邢路续. 黑龙江省克山县：十年构建起金融服务农村信用体系的"克山模式"
［EB/OL］.（2020－10－09）［2022－11－10］. https：//bm. cnfic. com. cn/sharing/share/
articleDetail/2056416/1.

［60］魅丽克山. 访谈克山县委书记刘国文：遍栽梧桐引凤栖［EB/OL］.（2020－08－
26）［2022－11－10］. https：//mp. weixin. qq. com/s？_biz＝MzU2ODA1NDYyMA＝＝&mid＝
2247525595&idx＝1&sn＝5b88d522ae86406cb49a02f746886856&chksm＝fc91e2e8cbe66bfe7a6b05ed29
84e6288adb64f7f381030b2a9c6f9ed86ded84bd5e51e2c7ba&scene＝27.

［61］仪征发改委. 仪征农村信用体系建设再出成果 信易贷产品助力茶产业链发展
［EB/OL］.（2022－04－01）［2022－11－10］. http：//www. yizheng. gov. cn/yzsxxgk/fgw/
202204/6784c2565fad4ea8aa3b31c2a3dcdbda. shtml.

［62］杭州中心支行. 丽水建立"标准化"信息共享机制，构筑信用引流信贷资金
"高速路"［EB/OL］.（2021－09－01）［2022－11－10］. http：//hangzhou. pbc. gov. cn/
hangzhou/2927497/4331650/index. html.

［63］信用中国. 浙江丽水发布全国首个农村信用建设省级地方标准［EB/OL］.
（2020－03－13）［2022－11－10］. http：//xyzl. jlzhenlai. gov. cn/cms/news/content/687943
736725864448.

［64］杭州中心支行. 丽水建成多层次农村信用评价体系［EB/OL］.（2021－09－08）
［2022－11－10］. http：//hangzhou. pbc. gov. cn/hangzhou/2927497/4338152/index. html.

［65］新华网. 党建聚心，信用变金——金寨县党建引领信用村建设调查［EB/OL］.（2021 – 11 – 02）［2022 – 11 – 10］. http：//m. xinhuanet. com/ah/2021 – 11/02/c_1128022149. htm.

［66］金寨县行政审批局. 党建引领乡村信用体系建设　十项"福利"树立信用"风向标"［EB/OL］.（2021 – 07 – 29）［2022 – 11 – 10］. https：//www. ahjinzhai. gov. cn/zwzx/bmxx/34170038. html.

［67］农业农村部. 2021 年度金融支农创新试点名单公示［EB/OL］.（2021 – 09 – 17）［2022 – 11 – 10］. http：//www. moa. gov. cn/xw/bmdt/202109/t20210917_6376728. htm.

［68］代慧康，赵一鸣. 蒙城县："信用变金"为新型农业经营主体注入源头活水［EB/OL］.（2021 – 11 – 17）［2022 – 11 – 10］. http：//ah. people. com. cn/n2/2021/1117/c374164 – 35009527. html.

［69］农业农村部. 安徽蒙城：以信用村建设助力乡村振兴［EB/OL］.（2022 – 04 – 26）［2022 – 11 – 10］. http：//www. moa. gov. cn/ztzl/naxy/dfdt/202204/t20220426_6397821. htm.

［70］宋琳，陆国锦. 兴化构建"征信 + 融资""政府 + 市场"农村信用体系［EB/OL］.（2021 – 11 – 29）［2022 – 11 – 10］. http：//xh. xhby. net/pc/con/202111/29/content_1000552. html.

［71］古田县人民政府. 古田县人民政府办公室关于印发古田县新型农业经营主体信用体系创建工作实施方案的通知：古政办〔2021〕76 号［A/OL］.（2021 – 12 – 03）［2022 – 11 – 10］. http：//www. gutian. gov. cn/zwgk/zfxxgkzl/zfxxgkml/zfjzfzcbm/xrmzfbgs/gkml/qtyzdgkdzfxx/202112/t20211216_1567865. htm.

［72］周雨. 社会信用立法的地方立法实践与路径选择［J］. 征信，2020（12）.

［73］国家发展和改革委员会财金司. 关于对《中华人民共和国社会信用体系建设法（向社会公开征求意见稿)》公开征求意见的公告［EB/OL］.（2022 – 11 – 14）［2022 – 11 – 10］. https：//yyglxxbsgw. ndrc. gov. cn/htmls/article/article. html? articleId = 2c97d16c – 82cf3ac8 – 0184 – 74052a93 – 003e#iframeHeight = 806.

［74］阮德信. 论习近平诚信观. 首都师范大学学报（社会科学版），2022（3）：51.

［75］中国标准化. 建党百年话标准（77）：社会信用标准化助力构建诚信社会［EB/OL］.（2021 – 09 – 02）［2022 – 11 – 10］. https：//mp. weixin. qq. com/s/3KeAArjJu2xXOC6JrAa – XQ.

［76］新华社. 中共中央办公厅　国务院办公厅印发《关于推进社会信用体系建设高质量发展促进形成新发展格局的意见》.［EB/OL］.（2022 – 03 – 29）［2022 – 11 – 10］. http：//www. gov. cn/zhengce/2022 – 03/29/content_5682283. htm.

［77］新华社. 2020 年政府工作报告（全文）［EB/OL］.（2020 – 05 – 30）［2022 – 11 –

10］．https：//baijiahao．baidu．com/s？id＝1668095110513176593&wfr＝spider&for＝pc．

［78］新华社．2021年政府工作报告（全文）［EB/OL］．（2021－03－13）［2022－11－
10］．https：//mp．weixin．qq．com/s？_biz＝MzA3NDg1MjQxMA＝＝&mid＝2651775754&idx＝
1&sn＝afa842b6fa8bd605001a737579c52170&chksm＝8483325fb3f4bb492e68a2c885b1300e772eb2
b85e3d47f0f9a2f021675cff841e836b84951d&scene＝27．

［79］新华社．2022年政府工作报告（全文）［EB/OL］．（2022－04－12）［2022－11－
10］．http：//jiangda．changdu．gov．cn/jdx/c105703/202204/394b2cb7ebb14028ae6ec4d4b45d79
97．shtml．

［80］国务院办公厅．关于印发加强信用信息共享应用促进中小微企业融资实施方案
的通知：国办发〔2021〕52号［A/OL］．（2021－12－29）［2022－11－10］．http：//
www．gov．cn/zhengce/content/2021－12/29/content_5665109．htm．

［81］国家发展和改革委员会，中国人民银行．关于印发《全国公共信用信息基础目
录（2022年版）》和《全国失信惩戒措施基础清单（2022年版）》的通知．（发改财金规
〔2022〕1917号）［A/OL］．（2022－12－28）［2023－04－15］．https：//www．ndrc．gov．
cn/xxgk/zcfb/ghxwj/202212/t20221230_1345067_ext．html．

［82］网信办．国家互联网信息办公室发布《数字中国发展报告（2020年）》［EB/
OL］．（2021－07－03）［2022－11－10］．http：//www．gov．cn/xinwen/2021－07/03/con-
tent_5622668．htm．

［83］中国人民银行征信管理局．建设覆盖全社会的征信体系［EB/OL］．（2022－10－
10）［2022－11－10］．https：//mp．weixin．qq．com/s/2MsJGXhrcAUOcJXYTGKBdA．

［84］林丽鹏．企业失信，"一张网"告天下［N］．人民日报，2018－11－19（11）．

［85］农业农村部．对十三届全国人大三次会议第2194号建议的答复：农办议
〔2020〕96号［A/OL］．（2020－09－10）［2022－11－10］．http：//www．moa．gov．cn/
govpublic/XZQYJ/202009/t20200910_6351841．htm．

［86］中国银保监会办公厅．关于2021年银行业保险业高质量服务乡村振兴的通知：
银保监办发〔2021〕44号［A/OL］．（2021－04－02）［2022－11－10］．http：//
www．cbirc．gov．cn/cn/view/pages/govermentDetail．html？docId＝976139&itemId＝
878&generaltype＝1．

［87］中国人民银行，银保监会，证监会，财政部，农业农村部，乡村振兴局．关于
金融支持巩固拓展脱贫攻坚成果　全面推进乡村振兴的意见：银发〔2021〕171号［A/
OL］．（2021－07－02）［2022－11－10］．http：//nrra．gov．cn/art/2021/7/2/art_624_
190648．html．

［88］农业农村部办公厅．关于开展2021年度金融支农创新试点的通知［EB/OL］．

（2021 – 12 – 02）［2022 – 11 – 10］. http：//www. moa. gov. cn/nybgb/2021/202109/202112/t20211202_6383528. htm.

［89］国务院. 关于印发"十四五"推进农业农村现代化规划的通知：国发〔2021〕25 号［A/OL］. （2022 – 02 – 11）［2022 – 11 – 10］. http：www. gov. cn/zhengce/zhengceku/2022 – 02/11/content_5673082. htm.

［90］中国人民银行. 人民银行印发《关于做好 2022 年金融支持全面推进乡村振兴重点工作的意见》［EB/OL］. （2022 – 03 – 30）［2022 – 11 – 10］. http：//www. pbc. gov. cn/goutongjiaoliu/113456/113469/4519524/index. html.

［91］农业农村部. 对十三届全国人大四次会议第 5058 号建议的答复摘要：农办议〔2021〕261 号［A/OL］. （2021 – 08 – 16）［2022 – 11 – 10］. http：//www. moa. gov. cn/govpublic/XZQYJ/202108/t20210816_6374106. htm.

［92］何玲，等. 奖惩杠杆撬动信用中国——国家发展改革委协同联动全力推进联合奖惩备忘录工作纪实［J］. 中国信用，2017（10）：17.

［93］国务院关于建立完善守信联合激励和失信联合惩戒制度加快推进社会诚信建设的指导意见：国发〔2016〕33 号［A/OL］. （2016 – 06 – 12）［2022 – 11 – 10］. http：//www. gov. cn/zhengce/content/2016 – 06/12/content_5081222. htm.

［94］国务院办公厅. 关于加快推进社会信用体系建设构建以信用为基础的新型监管机制的指导意见：国办发〔2019〕35 号［A/OL］. （2019 – 07 – 16）［2022 – 11 – 10］. http：//www. gov. cn/zhengce/content/2019 – 07/16/content_5410120. htm.

［95］国家公共信用信息中心. 3 月份新增失信联合惩戒对象公示及公告情况说明［EB/OL］. （2019 – 04 – 01）［2022 – 11 – 10］. https：//www. creditchina. gov. cn/toutiaoxinwen/201904/t20190401_151475. html.

［96］中国网. 发展改革委就宏观经济运行情况举行发布会［EB/OL］. （2018 – 07 – 17）［2022 – 11 – 10］. http：//www. gov. cn/xinwen/2018 – 07/17/content_5307416. htm#1.

［97］光明网. 中国这十年｜小微企业融资难融资贵得到明显改善［EB/OL］. （2022 – 06 – 24）［2022 – 11 – 10］. https：//m. gmw. cn/baijia/2022 – 06/24/1303012917. html.

［98］新华社. （两会受权发布）最高人民法院工作报告［EB/OL］. （2021 – 03 – 15）［2022 – 11 – 10］. http：//www. xinhuanet. com/politics/2021lh/2021 – 03/15/c_1127212486. htm.

［99］朱俊洁. 重庆加码"三农"金融服务 助力农业农村改革和乡村振兴［EB/OL］. （2022 – 06 – 28）［2022 – 11 – 10］. http：//www. moa. gov. cn/xw/qg/202206/t20220628_6403610. htm.

［100］杨子炀，孙玲玲. 天津设施农业成交规模达 1. 77 亿［EB/OL］. （2022 – 06 – 13）［2022 – 11 – 10］. http：//www. moa. gov. cn/xw/qg/202206/t20220613_6402330. htm.

［101］农业农村部．江苏：力争 2022 年底前基本完成全省新型农业经营主体信用建档评级全覆盖［EB/OL］．（2022 - 06 - 09）［2022 - 11 - 10］．http：//www. moa. gov. cn/ztzl/naxy/dfdt/202206/t20220609_6402064. htm.

［102］农业农村部．山东寿光：创新"信用农业"五项机制支持乡村振兴［EB/OL］．（2022 - 06 - 09）［2022 - 11 - 10］．http：//www. moa. gov. cn/ztzl/naxy/dfdt/202206/t20220609_6402063. htm.

［103］农业农村部．关于推进农业经营主体信贷直通车常态化服务的通知［EB/OL］．（2022 - 06 - 07）［2022 - 11 - 10］．http：//www. moa. gov. cn/nybgb/2022/202204/202206/t20220607_6401743. htm.

［104］农业农村部．关于保护种业知识产权打击假冒伪劣套牌侵权营造种业振兴良好环境的指导意见［EB/OL］．（2022 - 06 - 07）［2022 - 11 - 10］．http：//www. moa. gov. cn/nybgb/2022/202204/202206/t20220607_6401744. htm.

［105］农业农村部，最高人民法院，最高人民检察院，工业和信息化部，公安部，国家市场监督管理总局，中华全国供销合作总社．关于印发《2022 年全国农资打假和监管工作要点》的通知：农质发〔2022〕2 号［A/OL］．（2022 - 05 - 09）［2022 - 11 - 10］．http：//www. moa. gov. cn/govpublic/ncpzlaq/202206/t20220610_6402110. htm.

［106］林钧跃．信用能拉大贫富差距吗［J］．征信，2014（7）：7 - 10.

［107］中国人民银行．关于政协第十三届全国委员会第四次会议第 0185 号（财税金融类 034 号）提案答复的函［EB/OL］．（2022 - 04 - 28）［2022 - 11 - 10］．http：//www. pbc. gov. cn/zhengwugongkai/4081330/4081344/4081419/4081727/4541211/index. html.

［108］农业农村部办公厅．关于开展 2021 年度金融支农创新试点的通知：农办计财〔2021〕35 号［A/OL］．（2021 - 09 - 02）［2022 - 11 - 10］．http：//www. moa. gov. cn/govpublic/CWS/202109/t20210902_6375519. htm.

［109］农业农村部．2021 年度金融支农创新试点名单公示［EB/OL］．（2021 - 09 - 17）［2022 - 11 - 10］．http：//www. jcs. moa. gov. cn/gzdt/202109/t20210917_6376728. htm..

［110］黄祖辉，徐旭初．大力发展农民专业合作经济组织［J］．农业经济问题，2003（05）：41 - 45.

［111］张毅．我国农村专业合作经济组织发展存在的问题及对策建议［J］．农业经济，2013（7）：83.

［112］李真，等．我国农村信用体系建设存在问题与对策建议［J］．金融论坛，2022（3）：68 - 69.

［113］农业农村部．对十三届全国人大四次会议第 5058 号建议的答复摘要：农办议〔2021〕261 号［A/OL］．（2021 - 08 - 16）［2022 - 11 - 10］．http：//www. moa. gov. cn/

govpublic/XZQYJ/202108/t20210816_6374106. htm.

［114］诚信研究 . 最新！截至 2022 年底信用国家标准已发布 69 项 ［EB/OL］. (2023 - 01 - 14) ［2023 - 03 - 07］. https：//mp. weixin. qq. com/s/GPoXhb - qFmfMdbPi_QDtvQ.

［115］中国人民银行征信中心 . 征信中心 2022 年主要工作 ［EB/OL］. (2023 - 02 - 24) ［2023 - 03 - 07］. https：//mp. weixin. qq. com/s/lEdpWXRZaUa3SgSFg7RUkQ.

［116］中国法院网 . 五年来人民法院执行到位金额 9.4 万亿元 ［EB/OL］. (2023 - 03 - 07) ［2023 - 03 - 07］. https：//www. chinacourt. org/article/detail/2023/03/id/7178572. shtml.

后　记

时光荏苒，光阴似箭。

五年前，我有幸借调至国家发展和改革委员会财金司信用处，与信用结缘，在信用处的各位领导、长辈及师友们的关心和帮助下，幸运地成为一名社会信用体系建设工作者，参与并推进了全国社会信用体系建设工作，开启了社会信用体系建设理论与实践探索。在这片崭新领域，从一无所知到深入理解，我的成长出现了令人惊喜的变化。

三年前，我入职国家信息中心博士后科研工作站，彼时的我离开了舒适安逸的厦门，在北京开启了一条崭新的赛道，开始了一段考验心智、磨砺意志的新旅程。命运总是眷顾幸运儿，在恩师徐宪平教授的指导和诸多良师益友的支持下，我顺利出站并入职北京市社会科学院。从厦门到北京，我站在新的起点，开启了新的征程。

岁月流逝，转眼我在信用领域已度过了五个春秋。得益于这五年在厦门市委党校、厦门市发展和改革委员会、国家发展和改革委员会、国家信息中心跟信用结缘的阅历，我一直以来都在筹划一本关于社会信用体系建设的专著，作为学习成长过程的一个阶段性小结。

近年来，随着社会信用体系建设的深入推进，信用研究成为学界与理论界关注的热点。在众多成果中，关于诚信价值观法律化、信用信息采集与归集的规范标准、信息归集与隐私保护、失信惩戒合法性、声誉机制约束效应、信用立法的未来发展方向等议题较多，但在信用领域，学界鲜有对农村信用体系建设、乡村振兴下信用治理等方面的专门性研究，这与乡村振兴战略大背景不匹配，目前更是缺乏一部全面系统介绍农村信用体系建设的著述。基于填补空白这一考虑，我斗胆在前人研究基础上进行深度挖掘和全面系统梳理，形成了现在的成果，希望本专著的出版能起到抛砖引玉的作用，也希望今后有越来越多的学者加入农村信用体系建设研究队伍中来，这也是我写本书的初衷所在。

本书着力描绘我国农村信用体系建设基本图景，尽力展现农村信用体系建设多年来取得的成效，努力还原农村信用体系建设的历史演进与发展脉络，清晰勾勒出农村信用体系建设的实践路径，以期对未来农村信用体系建设作出一些微薄贡献。

农村信用体系建设离不开社会信用体系建设的大背景，没有全国社会信用体系建设的高速发展，就没有滋养农村信用体系建设深入推进的土壤。没有全国各地农村信用体系建设的多样化实践经验，就没有本书充分总结经验和规律的可能。正如社会信用体系建设从一点一滴中不断摸索、筚路蓝缕、上下求索，农村信用体系建设同样也需要历经这样的过程，需要在广度和深度上与时俱进、不断适应新形势的需要。

农村信用体系建设研究任重道远。经济学、金融征信从业人员可能更关注从乡村金融服务提质增效角度研究农村信用工作，农业领域专家可能更多从立足农村实际情况角度探讨农村信用工作，社会信用体系建设领域专家学者可能更多从社会治理角度研究农村信用工作。因此，研究农村信用体系建设需要多元化视角、多学科的思想碰撞，需要将目光不断往返于实践与理论之间。正是这些丰富的实践素材和大量的地方典型案例，让我从实践中找寻答案，揭开农村信用体系建设的"面纱"。可以说，农村信用体系建设是一片开放的"蓝海"，不计其数的珍宝有待今后进一步发掘，相信未来会有更多的社会有识之士认识、重视、关注农村信用体系建设问题，充实和丰富农村信用体系建设理论研究。

最后，借此机会，感谢我的父母，感谢你们对我无条件的支持和最大限度的包容与理解，感谢你们给我一个恩爱温暖的小家庭，你们对我的爱化解了前行路上的一切阻碍，正是因为你们对我无微不至和无时无刻的关怀才让我走到今天，你们不辞辛苦、不计回报的付出是我最坚强有力的后盾！

感谢在信用工作中结识到的领导、老师们，能与你们并肩作战我倍感荣幸，你们是我学习的榜样，让我更加坚定地选择信用研究这份初心！感谢这一路上关心和支持我的人，感谢你们给予我的帮助与鼓励，你们亦师亦友，一直在为我的成长添砖加瓦，助力我不断展翅飞翔！

　　感谢这五年来辛勤付出的自己，在这场科研长跑之路上，不断充实自我、审视自我、超越自我，我会一如既往将所学、所想、所思、所得沉淀为自身内敛的底气，带着勇气和信心继续前行！

　　感恩一切，谨以此书，献给你们。

周雨
2023 年 3 月于北京市社会科学院